COMO SUPERAR A

TIMIDEZ

Barbara Schott
Klaus Birker

COMO SUPERAR A TIMIDEZ

Tradução
RODOLPHO EDUARDO KRESTAN

EDITORA CULTRIX
São Paulo

Título do original:
Schüchternheit überwinden

Edição	Ano
1-2-3-4-5-6-7-8-9	98-99-00

Direitos de tradução para o Brasil
adquiridos com exclusividade pela
EDITORA CULTRIX LTDA.
Rua Dr. Mário Vicente, 374 — 04270-000 — São Paulo, SP
Fone: 272-1399 — Fax: 272-4770
E-mail: pensamento@snet.com.br
http://www.pensamento-cultrix.com.br
que se reserva a propriedade literária desta tradução.

Impresso em nossas oficinas gráficas.

Agradecimentos

Queremos transmitir nossa gratidão às pessoas que contribuíram para a criação deste livro. A Maryann e Ed Reese, Richard Bandler, John Grinder, Robert B. Dilts e Wyatt Woodsmall, graças aos quais se fortaleceram o conhecimento, os métodos e a utilização voltados para a prática e para o fortalecimento tanto na vida particular quanto nas atividades profissionais. Agradecemos a Ingrid Hirsch, Gabriele Birker, Ingrid Zoller, Beate Pfingst, Robert Klimke e Stefan Carstens pela diversidade e distinção dos exemplos de timidez. Agradecimentos especiais a todos esses por seus práticos e construtivos conselhos. Georg Schober, com o apoio e contribuição de Ines Bührke, preparou os originais, com grande dedicação, exatidão e presteza.

Sumário

Como Funciona a Programação Neurolingüística

"Está sempre acontecendo comigo. Perco as melhores mulheres, sem que eu possa fazer nada. Ah, se eu não fosse tão tímido!" Holger K. está irritado porque seu colega, Jürgen M., que acaba de voltar das férias, convidou a nova colega para ir ao cinema. Ela começou a trabalhar há uma semana, e Holger ficou incumbido de lhe dar todo o apoio possível durante seu período de integração. Ele a acha uma mulher muito simpática e, já na primeira noite, gostaria de tê-la convidado para algum programa. Ansioso, espera todas as manhãs a oportunidade de vê-la. E todas as manhãs promete a si mesmo convidá-la para lhe mostrar a cidade, já que ela se mudou há pouco tempo. Mas as palavras ficam presas na garganta; ele enrubesce e começa a suar, principalmente ao imaginar que ela pode recusar o convite. Como poderá encará-la então, já que terão de trabalhar tão perto um do outro?

Jürgen M., que acaba de voltar das férias, parece igualmente fascinado pela nova colega.

lrado, Holger conclui intimamente: "Ele deveria ter vergonha de dar em cima dela assim, tão cedo!" Mas o pior é que a nova colega parece ter gostado do convite ao responder: "Que bom, ainda não conheço os cinemas desta cidade." Holger se sente vencido, passado para trás; está com muita raiva de seu colega e também de si mesmo. "Rapaz, você é tímido demais!" Essa frase já lhe havia sido dita repetidas vezes por seus pais e professores. O que impedia suas iniciativas era a sensação de que enrubesceria a qualquer momento e não conseguiria expressar-se claramente. Quando se sentia mais calmo, costumava dizer para si mesmo: "Da próxima vez, farei tudo diferente: irei diretamente ao assunto." Mas a "próxima vez" transcorria exatamente como as outras do passado, e ele já havia perdido a esperança de algum dia vir a ser capaz de superar sua timidez.

Apenas uma vez ou outra é que Holger conseguia, por sua própria força, superar tais padrões bloqueadores de conduta e pensamento; mas, exatamente durante os flertes, a barricada interior é tão grande que ele se torna incapaz de dar o primeiro passo. A timidez — conforme preconizam os livros a respeito — é um estado de inibição parcial que ocorre em situações sociais normais, quando uma pessoa se expõe à atenção dos outros. A timidez provoca enrubescimento involuntário, tremores e redução da capacidade de contatos sociais. Porém, os motivos que suscitam a timidez escapam ao nosso conhecimento.

Como se desencadeia a timidez? Como libertar-se dela? Este livro visa ajudar as pessoas tímidas, servindo-se da Programação Neurolingüística, ou, simplesmente, PNL, que se originou nos Estados Unidos. Em meados dos anos setenta, Bandler, psicólogo e especialista em informática, e Grinder, lingüista, deram início a uma série de pesquisas sobre padrões de comportamento e de estados de espírito inconscientes, com a finalidade de descobrir a melhor maneira possível de conduzi-los. Conseguiram fundamentar como as pessoas se bloqueiam inconscientemente ou como se motivam para poderes especiais. Queriam entender, principalmente, como os estados de espírito bloqueadores — timidez, irritação ou raiva, por exemplo — poderiam converter-se em situações que tornassem a vida mais rica, mais viva, mais divertida, ou, em poucas palavras: mais satisfatória. Observaram e analisaram padrões de comportamento e de raciocínio de pessoas portadoras de determinadas fobias — tais como o medo mórbido e angustiante de lugares públicos e de grandes espaços abertos ou de altura —, a fim de descobrir qual a melhor maneira possível de essas pessoas alterarem suas formas de raciocínio para facilitar a realização de seus objetivos na vida, de modo mais satisfatório. Robert Dilts, discípulo desses especialistas, pesquisou os padrões comportamentais e os processos mentais inconscientes de pessoas extraordinariamente talentosas, como Walt Disney e Albert Einstein. Apresentamos neste livro tais modelos de raciocínio, que poderão servir de ajuda às pessoas tímidas para que possam vir a dar o passo necessário à libertação.

Tomando por base experiências do mundo da informática, da lingüística e da ciência da computação, os criadores da PNL procuraram compreender melhor as formas de funcionamento do cérebro humano. Compararam o cérebro a um computador gigantesco cujo manual se perdeu. Por isso precisam de uma outra coisa que possa servir como bula para nosso cérebro. Quais são as técnicas que comporta um manual assim para pessoas tímidas vem exposto no presente livro. Fazem parte de tais técnicas os processos de alteração que se passam no cérebro, para que possamos penetrar no chamado estado de "timidez", tornando igualmente possível sair dessa situação por esforços próprios. A peculiaridade da PNL reside no fato de que todos os padrões de comportamento e pensamento e todas as sensações estão relacionados com os nossos cinco sentidos: visão, audição, tato, paladar e olfato.

Daí por que a utilização do termo "neuro": os cinco sentidos registram informações e o cérebro armazena, especificamente, nossos pensamentos. A segunda palavra, "lingüística", refere-se ao idioma. Com ela podemos comunicar o que vivemos, o que experimentamos mediante nossos cinco sentidos e o que registramos, elaboramos e emitimos em cada um dos compartimentos sensitivos, localizados em nosso cérebro. A palavra "programação" indica que nossas experiências equivalem aproximadamente àquilo que, no caso de um computador, significam os programas de *software*. Novas experiências nós apenas as entendemos com este *software*, ou seja, nós as vemos à luz de nossas experiências e conduzimos nossa conduta em conformidade com isso.

Aproveite as oportunidades que aparecem

O que as pessoas tímidas têm em comum? Elas se comportam como se estivessem amarradas aos seus programas interiores. Algo inexplicável, por assim dizer, uma força inconsciente parece impedir que expressem seus desejos, manifestem suas exigências ou convençam os outros a fim de ganhá-los para o seu lado. Para uma pessoa realmente tímida, o quadro abaixo mostra algo quase impossível ou só atingível por meio de grande esforço:

- Ser ativo e lutar por suas idéias
- Averiguar os desejos alheios e manifestar os seus próprios
- Ocupar-se com coisas boas, sentindo-se bem com tal procedimento

As pessoas tímidas parecem ser as eternamente colocadas em segundo lugar. É comum considerarem mais importante o bem-estar alheio do que o seu próprio. Não se nota a sua presença, nem se conhecem seus desejos, e sequer se fazem notar, porque se calam, em vez de saírem à luta. Comportam-se com discrição, adotando antes uma postura corporal de quem quer "desaparecer"; vestem-se freqüentemente com trajes discretos, sóbrios. Reservadas, necessitam de muito tempo para se manifestar ou não confiam de modo algum em si para dizer alguma coisa, embora, por vezes, pudessem dar contribuições melhores e mais bem fundamentadas do que outras pessoas que tomam a palavra sem titubear. É curioso também que essas pessoas se deixem convencer a fazer coisas que não querem, porque têm medo de discussões e conflitos. As situações que libertam da timidez variam de pessoa para pessoa: algumas se mostram bastante seguras e autoconfiantes ao telefone, mas no contato pessoal, retraem-se, mostram-se tolhidas e dissimulam seus desejos. Às vezes, deixam-se intimidar por outros: por exemplo, por pessoas muito autoritárias, conscientes de seu poder; às vezes, a timidez só se manifesta no contato com pessoas do sexo oposto. Torna-se muito difícil para elas sustentar uma conversa, expor uma idéia a um grupo maior ou recusar um pedido feito com muita insistência. As pessoas tímidas têm problemas em exteriorizar seus desejos. Por isso examinaremos neste livro os padrões de raciocínio e de comportamento de pessoas particularmente talentosas, a fim de verificar em que medida podem ajudar pessoas tímidas. Como modelo, temos aqui Walt Disney, a respeito de quem

Robert Dilts declarou ter ele criado histórias em quadrinhos, desenhos animados e parques temáticos com a ajuda de processos mentais bem específicos que qualquer pessoa pode aprender.

Combinação de três tipos de raciocínio

Disney sonhava intensamente. Suas fantasias não conheciam limites; ele se punha dentro de suas personagens e sentia assim o efeito exato que cada uma delas exercia sobre as outras. Se não encontrasse rapidamente uma solução, buscava lembrar-se de experiências oníricas bem-sucedidas que tivera no passado. Ou então imaginava alguém que tivesse dominado o que estava pretendendo. Ou, ainda, reduzia ligeiramente as dimensões do problema, pensando em situações comparáveis. Essas técnicas de criatividade atuam sobretudo da seguinte maneira: em primeiro lugar, o cérebro permanece na atitude do pensar "dos sonhos". Em segundo lugar, Disney imaginava como ele poderia tornar possível seus sonhos: o que ele precisaria organizar, que passos precisaria dar, quem ou o que poderia prestar-lhe alguma ajuda. Nesse ponto, ele se concentrava inteiramente em si mesmo e na realização dos seus sonhos. Inventou o *storyboard*, uma técnica de raciocínio que requer a transformação de uma idéia numa seqüência de pequenos passos.

Em terceiro lugar, ele valorizava o sonho e a realização. Só a partir daí é que ele incluía no planejamento tudo o que havia de crítico com seu conhecimento, na pessoa realista e crítica é que alterava seu sonho.

Para pessoas tímidas uma seqüência alternada de pensamentos torna-se característica. A pessoa tímida sonha e tem desejos, ao mesmo tempo que lhe sobrevêm obstáculos, advertências e possíveis fracassos, relacionados com a transformação de seus sonhos. Na maior parte das vezes a pessoa não consegue pôr em prática a realização, porque, de modo imediato e persistente, há diversos riscos possíveis que o intimidam.

Como no caso de Holger, uma pessoa tímida se deixa manipular, indecisa, entre dois padrões de pensamento: sonha e anseia pela realização de seus desejos, mas logo passa a considerar os obstáculos e os riscos implícitos. Esses obstáculos atuam, inconscientemente, de forma tão ameaçadora que, no caso de Holger, ao pretender marcar um encontro com sua colega de trabalho, de imediato lhe sobrevém a sensação do quanto se sentirá péssimo, caso ela recuse seu convite.

Entretanto, está faltando um passo importantíssimo, um passo que contribuiria para a transformação: o que ele poderia fazer para que ela aceitasse o convite? Como dirigir a ela, de forma franca e descontraída, tal pergunta, de sorte que, a despeito de uma recusa, não se deteriorasse seu relacionamento?

Imaginar a realização de seus desejos e reconhecer os obstáculos são dois padrões de raciocínio diferentes, que podem produzir bloqueios recíprocos. Disney realizava seus sonhos da seguinte maneira: inconscientemente, verificava primeiro o que já lhe era possível realizar e só então iria pensar nos riscos.

Os pesquisadores da PNL reconheceram que esses três padrões de pensamento — sonhar, criticar e realizar — são três formas de conquistar o cérebro para a transformação dos desejos. Quando intuitivamente se concatenam esses três padrões de raciocínio numa determinada seqüência, então resultam padrões de comportamento extraordinários. No caso das pessoas tímidas, parece predominar nelas a relação entre desejo e risco. O medo de fracassar, de não conseguir superar os obstáculos impede que elas dêem o primeiro passo. Ficam presas em seu mundo de perigos presumíveis, mas não comprovados!

As pessoas destras, por exemplo, sentem a crítica de forma mais veemente quando estão inclinadas para o lado esquerdo; no caso dos canhotos, existe, por vezes, a situação contrária. Para precisar tal fato, é importante passar nova-

Na Prisão da Timidez

As pessoas tímidas não conseguem realizar seus sonhos, porque se deixam "atropelar" pelos perigos e riscos.

Combine as Três Formas de Raciocínio

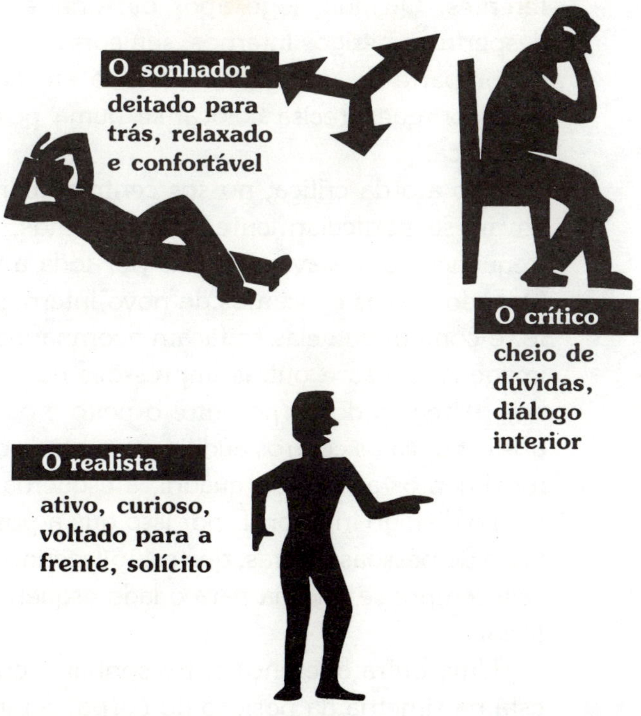

mente pela experiência de tal crítica, como se ela tivesse acabado de ocorrer, e sentir que você não está sentado ou postado de uma forma simétrica. Geralmente travamos com nós mesmos um diálogo interno a respeito do que poderia não dar certo. Os músculos ficam muito mais tensos do que no modo de pensar dos "sonhos". Criticar e sonhar ao mesmo tempo significa que você precisa colocar seu corpo em posições diferentes. Quando, logo após os sonhos, você desperta os perigos internos, seu corpo perde a maior parte do que ganhou com o ato de sonhar, porque precisa colocar-se numa posição de crítica.

No ato da crítica, nossos centros auditivos ativam-se particularmente. Conservamos, com freqüência, as palavras críticas por toda a vida. Quando nós as evocamos de novo internamente, é comum que elas se façam acompanhar de imagens, cenas e outras impressões dos sentidos. A região do corpo entre o peito e os quadris estimula os centros auditivos no cérebro. Os movimentos abaixo do quadril, à esquerda, ativam o diálogo interior. É por isso que a posição física de pessoas destras, que estão fazendo críticas, sempre se inclina para o lado esquerdo inferior.

Uma outra diferença entre sonhar e criticar está na simetria da posição do corpo. Sonhar é um modo simétrico de pensar, expresso pelo corpo; criticar é um modo de pensar que pende para a esquerda (no caso de pessoas destras). Isso tem a ver com a ativação das duas partes do cérebro. Essas duas partes do cérebro possuem especificações diferentes. O lado esquerdo está mais propenso para o raciocínio lógico, é capaz de analisar e avaliar melhor as situações. Ele comanda o lado direito do corpo. Na parte esquerda do cérebro também estão localizados os comandos capazes de conceber o futuro, o que é muito importante quando sonhamos, tendo em vista que os sonhos se referem ao futuro. O lado direito do cérebro armazena experiências completas e é da criatividade; esse lado arquiva as experiências da maneira como chegam ao cérebro por meio dos canais dos sentidos. O lado direito do cérebro armazena também nosso passado. E, já que é essa metade que comanda o lado esquerdo do corpo, a tendência de pender para o lado esquerdo, em posições de críticas, é um sinal de que se trata de experiências do passado.

A saída para as pessoas tímidas

Ao sonhar, servimo-nos também do lado direito do cérebro para moldar o que é possível, a partir do que já conhecemos. Nesse caso a posição de quem está sonhando é bem simétrica, ativam-se simultaneamente as duas metades do cérebro e as duas metades do corpo, ficando, porém, levemente mais inclinadas para a direita, quando prevalece a orientação para o futuro. Assim, a boa saída para pessoas tímidas é separar os dois modos de pensar: o sonhar e o criticar.

Característico no gênio de Disney era que ele conseguira levar a cabo a realização entre sonho e crítica: primeiro ele pensava no que era possível e depois no que podia transformar em realidade. E só então é que se punha a refletir a respeito do que poderia dar errado. A vantagem dessa combinação consiste no fato de as posições físicas que acompanham tais posições de raciocínio são bastante semelhantes, fortalecendo-se mutuamente. Experimente: ponha-se novamente na posição em que você, de fato, quis mudar alguma coisa. Naquela ocasião você permaneceu sentado ou em pé? Procure sentir o que se passou no seu corpo como um todo e verifique até que ponto a posição do seu corpo é simétrico. O que dizer da tensão dos seus músculos? Você está inclinado para a frente ou para trás? O modo de pensar é muito simétrico e aprumado; os músculos estão ligeiramente mais tensos do que quando se está a sonhar, e o corpo mais ereto. Ao sonhar a representação figurada ativa de modo extraordinário. Ao se realizar alguma coisa, trata-se de dar passos, tomar iniciativas, começar de fato. Como ambas as posições do corpo são simétricas é muito mais fácil oscilar entre o sonhar e o realizar, pois os dois modos de pensar se fortalecem mutuamente. Costuma-se dizer que Disney tinha um lugar especial em que ele sonhava muito. Ele, porém, trabalhava numa outra sala, assim que quisesse enfrentar a fase planejada da realização, dividindo seu sonho em partes, testando-o, para ver como seria possível transformá-lo em realidade. Depois disso ele passava para uma terceira sala, denominada por seus colaboradores de "suadouro", ambiente no qual ele próprio se apresentava como o mais severo crítico de seus projetos. Munido das conclusões dessa fase de críticas, ele retornava à sala dos sonhos e imaginava novas soluções.

O drama das pessoas tímidas consiste em que, ao sonharem, chegam relativamente depressa ao "suadouro", onde ficam detidas pelo medo. Uma pessoa que primeiramente sonha e depois reflete na realização de tal sonho, e por último passa a considerar os riscos, vai tornando muito mais fácil a transformação dos seus desejos!

Etapas para se livrar do bloqueio:

• examinar os efeitos dos excessos de crítica relativa à nossa situação e encontrar um modelo que nos permita aceitar diferentes graus de timidez; e

• procurar conhecer uma série de medidas capazes de neutralizar as conseqüências negativas da crítica para, assim, facilitar a transformação dos sonhos em realizações.

Aprenda a nadar ou fique parado, junto à margem

Sonhar, na infância, é algo bem marcante. O processo de desenvolvimento consiste em desdobrar capacidades e motivações suficientes para transformar os próprios sonhos em realidade. Isso funciona tanto melhor quanto mais conseguirmos avaliar e incluir os riscos antes de entrarmos em ação. As pessoas que para nós são pontos de referência conhecem esses riscos, pois já vivenciaram o processo de desenvolvimento e, na maior parte das vezes, com a melhor das intenções, querem impedir que seus filhos cometam erros, enveredem por caminhos equivocados, que se tornem infelizes. Desde o começo, o objetivo de educar é, muitas vezes, a perfeição. E quem não gostaria de estar permanentemente cercado de pessoas que jamais tivessem cometido qualquer tipo de erro? Os erros representam, contudo, a única possibilidade de conhecermos os limites. Só quando uma criança se conscientiza de que não possui determinadas capacidades ela irá aprender alguma coisa que lhe possibilite realizar os seus sonhos.

A educação pode dar-se de duas maneiras:

pela atração ou pela ameaça. É comum faltar aos pais experiência ou paciência e tempo para se colocarem na pele de seus filhos, como fez o pai de Mark. Mark, apenas completados 5 anos, morava com seus pais à beira de uma pequena lagoa. Ele ainda não sabia nadar direito, observava, porém, como os rapazes faziam jangadas com madeira e arame para com elas vaguearem pelo lago. Ele também queria fazer a mesma coisa. Tratou de convencer seus amiguinhos da mesma idade a juntarem toda madeira necessária. Como não conseguisse encontrar pedaços de arame, utilizou barbantes, e, improvisando aqui e acolá, amarraram as tábuas encontradas num barracão, construindo assim uma jangada. Justamente na hora de experimentar o invento, chegou o pai de Mark, ficando muito assustado! As crianças não sabiam nadar, e o lago era bastante fundo. Em vez de gritar ou castigar seu filho, o pai de Mark preferiu reunir todo o grupo de crianças e comunicar-lhes que ganhariam uma jangada, tão logo soubessem nadar.

Isso, evidentemente, fez com que Mark quisesse aprender a nadar imediatamente. O pai de Peter, que também havia participado do episódio da jangada, já agiu movido por seus próprios temores. Proibiu terminantemente seu filho de brincar com Mark e de se aproximar da água! Peter só conseguiu aprender a nadar graças a uma professora extremamente paciente que o ajudou a superar sua timidez em relação à água.

A capacidade de sonhar, de fantasiar, de penetrar em mundos novos de experiências desconhecidas parece-nos algo congênito! A capacidade de avaliar as realidades é algo que a criança só irá aprender bem mais tarde. Os pais "educam" os filhos segundo seus próprios ideais. Para proteger a criança e guiar seu comportamento numa direção que lhes pareça sensata, intimidam-na freqüentemente. Todos conhecem muito bem as proibições e as ameaças ouvidas na infância, cuja única finalidade era evitar que nos expuséssemos a situações perigosas.

No caso de uma proibição, não fica claro para a criança o que realmente se pretende, mas suas imagens oníricas vão se afundando. No caso de uma ameaça, o filme sobre o perigo ficará diretamente armazenado na filmoteca do cérebro. O jovem se intimida. O cérebro reúne os acontecimentos e os descarrega na nossa filmoteca mental: reagindo ao "eu gostaria de", ativa-se o filme da proibição ou da ameaça, que é capaz de afugentar o sonho (ver gráfico da p. 35). Dessa forma, não é possível criar algo novo. O cérebro sabe apenas o que não deve fazer, o que lhe é proibido. A fim de saber para onde deve ser canalizada a energia, precisa-se do sonho, do desejo, de um objetivo.

Intimidando-se constantemente as crianças mediante castigos e críticas ou através da descrição de obstáculos e riscos, reúnem-se em seus arquivos mentais imagens, filmes, fitas etc. capazes de afugentar os sonhos. No caso de impressões intensas, nosso cérebro é capaz de aprender tão depressa que, muitas vezes, bastará apenas um único caso para se ficar permanentemente intimidado. O filme correspondente volta a ser apresentado em situações semelhantes, consolidando cada vez mais seus efeitos. O acontecimento desencadeador deixa, muitas vezes, de ser consciente. "Eu me sinto como se estivesse parado sobre a porta de um alçapão. Nunca sei quando ela irá abrir e eu fico inteiramente confinado em minha timidez." Essa foi, por exemplo, a explicação dada por Holger.

No caso de uma pessoa tímida é típico: existem nos arquivos do seu cérebro muito mais filmes de perigo — cujo mote é "o que tiver de dar errado, errado dará" — do que quaisquer outros. Ademais, filmes assim estão sempre à mão, e quando há um desejo que venha à tona, iniciase o vídeo intimidador, cujo título bem poderia ser: "Nada dará certo." As pessoas intimidadas preferem retroceder a agir.

A intimidação pelos filmes interiores de risco

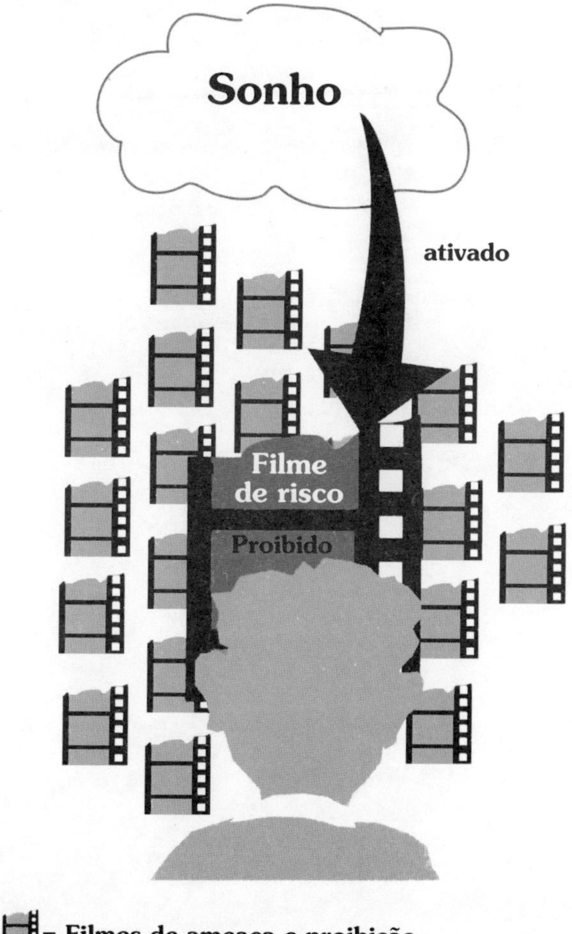

Supere os filmes interiores de crítica

Como é que a timidez freqüentemente se relaciona com rubores, mãos suadas, suor na testa, sensação desagradável no estômago e cãibras nas mandíbulas e nos ombros? "Eu carregava em meu pescoço um colar cervical de ferro, precisava engolir, mas não tinha mais saliva; e ao mesmo tempo eu deveria dizer quem eu era e quais eram minhas intenções, ao participar do grupo de experiências pessoais." Margot H. conhece essa sensação. Ainda assim, ela se deixou convencer por uma amiga a participar de uma sessão assim.

"De início, a orientadora disse que deveríamos apresentar-nos a todos e externar nossos desejos. Tudo foi acontecendo numa seqüência normal, e, assim que o penúltimo participante declarou seu nome, senti meus dedos umedecendo. Perguntei a mim mesma o que deveria dizer aos outros. Logo vai chegar minha vez! Afinal, quem sou eu e o que é que eu posso fazer? Essas coisas não interessam a ninguém. Na verdade nada faço que convenha relatar e, pensando bem, eu nem queria estar aqui. Só vim para agradar à minha amiga, mas isso em não posso dizer. Meus pensamentos giravam, e quando o rapaz ao meu lado, depois de sua concisa apresentação, sentou-se, tive a sensação de que me punham em pé, tal como uma marionete, os joelhos moles como um pudim, e com o pescoço atado."

O filme de crítica "Afinal não sou ninguém, quem é que poderia interessar-se por mim?" é um dos filmes incluídos em nossa filmoteca cerebral, capaz de nos colocar numa situação de medo e terror. Em algum momento de sua vida, Margot H. havia aprendido e assimilado que só as pessoas de sólida formação têm importância e não haveria ninguém que pudesse interessar-se por ela. O fato de filmes como esse provocarem tanto medo está associado à nossa evolução em tempos remotos. Só o grupo era capaz de oferecer proteção. Aquele a quem o grupo não considerasse como seu participante ou que não lhe parecesse digno de admiração, esse seria simplesmente deixado fora de proteção, sem qualquer possibilidade de sobrevivência. Um programa de crítica que, inconscientemente, questiona nossa chance de sobrevivência, deflagra nosso programa congênito de fuga e ataque. Como nossos antepassados da idade da pedra, esticamos o pescoço, deixamos os ombros caírem, adquirimos músculos e articulações; a mandíbula torna-se estirada, os olhos diminuem e o olhar

se torna estático, voltando-se mais para o interior do que para o exterior. Reações assim de intimidação, com imagens radicais de medo, provocam o reflexo da fuga. Com os hormônios da adrenalina e do cortisol preparam nosso sistema nervoso e nossos músculos para a fuga.

Margot H. sempre sente de modo muito claro esse estado de coisas. Ela nada pode fazer contra esse turbilhão da timidez que a arrasta mais e mais para as profundezas. Quando se encontra em tal estado, esquece tudo o que poderia dizer. Ao se levantar e pronunciar seu nome, sofre um *blackout*. "Estou aqui porque minha amiga me trouxe!", é só o que ela consegue dizer, gaguejando e provocando risos nos demais participantes. Passa a noite inteira a se recriminar, aguardando, ansiosa, o momento de voltar para casa, sem despertar qualquer atenção. "Nunca mais você irá me trazer para esse lugar! Você sabia muito bem que eu não seria capaz de abrir a boca. Parece que tudo desapareceu por completo!", disse à sua amiga, concluindo que nunca mais iria freqüentar um grupo como aquele.

Cuidado para não cair na armadilha

Ao relembrarmos nossos programas interiores de crítica, que despertam em nós temores intensos, desligamos ao mesmo tempo partes de nosso cérebro. Toda vez que nossos antepassados se conscientizavam, através de seus cinco sentidos, a respeito de alguma coisa virtualmente, o cérebro precisava funcionar com a maior velocidade possível. Uma determinada área de nosso cérebro é especializada na compreensão e reação dessas situações ameaçadoras de nossa existência. Desde tempos imemoriais, a fuga e o ataque são reações biológicas básicas de que lançamos mão ante tais situações. E isso vigora ainda hoje. As pessoas tímidas fogem de seus insucessos imaginários. Enfocam cenas de fracasso, assim desencadeiam todo um programa de timidez.

Como nos tempos imemoráveis, a fuga e o ataque requeriam a totalidade das forças, o cérebro reduzia a velocidade de todas as outras funções. Principalmente o pensamento criativo reduziu-se o quanto pôde, para possibilitar a concentração de todas as reservas de força na sobrevivência. No entanto, quando alguém quer superar sua timidez, necessita de muita criatividade para poder sonhar e transformar esses sonhos em realidade. Trata-se realmente de um círculo vicioso, pois ocorre uma redução exatamente na área cerebral que possibilita as atividades criativas.

Sentimo-nos bloqueados e, por vezes, como no caso de Margot, mal conseguimos lembrar como nos chamamos e, menos ainda, o que queremos. E, além disso, ao nos censurarmos, fortalecemos esses estados de medo de uma forma tal que o bloqueio se instaura por completo, num átimo. Tal bloqueio produz outros efeitos físicos, como a rigidez dos músculos e nossa sensação de animal acuado, capturado numa rede. É uma situação em que reconhecemos ineficazes todos os esforços para superarmos a timidez. É como se tivéssemos caído numa armadilha.

Os seis degraus da intimidação

"Você acha mesmo que eu deveria? Eu não posso simplesmente ir até lá e dizer que quero o cargo para mim!" Foi o comentário da funcionária Karin G., ao conversar com sua colega. "Seja como for, nunca escolhem alguém da própria empresa para um cargo de liderança, principalmente se for uma mulher. De que adiantaria eu me candidatar, se não tenho a mínima chance?"

O que se passa? Na empresa em que Karin G. trabalha, a chefia de seu departamento estava para ser preenchida, porque o ocupante desse cargo, surpreendentemente, havia pedido demissão. Karin teria gostado muitíssimo de assumir a chefia do departamento. Como era de praxe, a vaga inicialmente fora anunciada no âmbito interno, mas ninguém se candidatou a ela, nem mesmo Karin. Além de não se sentir suficientemente preparada, seu chefe tampouco havia tocado no assunto, e ela sentiu receio de lhe perguntar quais as condições necessárias para que alguém pudesse assumir tal cargo. Passara noites a fio sem dormir, pensando e pensando, mas era tímida demais para descobrir se tinha ao menos alguma chance e o que deveria fazer para agarrar essa oportunidade.

Para as pessoas tímidas, agarrar as oportunidades é algo bastante difícil, principalmente quando elas se martirizam, presumindo que, obrigatoriamente, elas têm de saber e fazer tudo com perfeição. Karin tinha esta convicção! "Ainda tenho de aprender muito mais, se eu quiser me candidatar a um cargo de chefia ou a qualquer outro cargo superior ao atual." Karin G. se deixava intimidar. Outras pessoas demonstram menos preocupações, pois, afinal de contas, dentre as responsabilidades do empresário também se inclui a necessidade de preparar alguém para esse cargo. Ou seja, a responsabilidade recai sobre vários ombros.

No geral, podem-se distinguir seis graus de timidez. Robert Dilts descobriu que nosso cérebro utiliza as informações em seis planos mentais diferentes. Dependendo do plano em que se esteja passando o filme da crítica, serão necessários métodos outros para neutralizar esse filme para voltar a sonhar mais uma vez e para transformar o que se sonhou em realidade.

Nosso cérebro distingue as informações segundo aquilo a que se referem:

• **Ambiente**: Deixando-se intimidar pelas exigências do cargo, Karin G. irá atormentar-se, por conta do risco de não vir a preencher as condições que o cargo exige.

• **Procedimento**: Segundo sua opinião, o seu modo de proceder ainda não corresponde ao de um líder: "Ainda não cheguei tão longe!"

• **Habilidades:** O risco está relacionado com o fato de ter as habilidades necessárias para chefiar um departamento. Ela tampouco colocou à prova essas habilidades, o que lhe parece evidenciar ainda mais o risco do fracasso.

• **Valores e convicções**: "Somente alguém com uma experiência mais longa na empresa é que poderia apresentar-se com direito a um cargo de chefia", diz Karin para si mesma. O obstáculo se torna cada vez maior, pois o fator decisivo não é mais a aptidão para exercer um cargo de chefia nem uma determinada conduta, e sim o tempo de experiência. Ademais, Karin parte do pressuposto de que as lideranças jamais serão escolhidas dentro da própria empresa. Considerando que ela já é uma simples encarregada, acredita assim não ter qualquer chance.

• **Identidade**: "Como mulher, não tenho a menor chance!" É uma convicção, mas também revela algo a respeito de sua identidade: "Sou uma mulher, portanto, não serei escolhida para uma posição de chefia." O que se passa aqui, na verdade, é um profundo nível de rejeição. Aquele que se sente pessoalmente recusado por causa do sexo, por exemplo, provoca com isso um medo ainda mais profundo dentro de si.

- **Pertinência, missão**: Os níveis mentais agindo de forma mais intimidadora estão relacionados com a pertinência. "Nem faço parte disso aqui", é uma típica declaração nesse sentido.

Onde e de que maneira aprendemos tudo isso? É evidente que, ao longo de toda a nossa juventude, ouvimos exortações relativas a esses seis degraus.

As manifestações críticas podem referir-se a seis tipos distintos de dogmas que se completam mutuamente. Cada crença mais elevada determina todos os tipos de convicções situadas em planos inferiores. O foco da crítica está assentado sobre:

- **Ambiente**: O pai de Mark reconhece que, para o seu filho, o lago é, por assim dizer, um convite para um passeio de jangada. Ele não o critica, mas procura ajudá-lo. O pai de Peter proíbe o filho de brincar com Mark e de se aproximar da água. Como resultado, Peter aprende a ter medo não só da água como também de outros meninos. Tudo isso o intimida!

Os seis graus da timidez

Plano	Crítica	Risco
Ambiente	....	
Meu procedimento	....	Ameaça às minhas convicções
Minhas habilidades	....	
Minha crença	....	
Minha identidade	....	Ameaça ao meu objetivo
Minha pertinência	....	

• **Procedimento**: "Sou muito desajeitada para dançar. Fico ridícula", diziam as vozes interiores que impediam Ursula L. de se divertir. Holger achava inadmissível marcar um encontro logo no primeiro dia. Por que não? Quem impõe tais normas de procedimento às pessoas? Quando os procedimentos recebem restrições, então também as habilidades ficam prejudicadas.

• **Habilidades**: Desde o início, negam-se às crianças determinadas habilidades. Não lhes é permitido realizar seus sonhos, porque os pais lhes negam tal feito. É bem freqüente estabelecerem comparações entre irmãos mais novos e mais velhos; estes, graças a seu maior desenvolvimento, já conhecem mais coisas. À criança mais nova se diz então: "Você é um desastre só, não tem ouvido musical, é incapaz de cantar, não é nem um pouco criativo!" Ou, como no caso de Holger: "Você é tímido demais!" Essas máximas relativas às próprias habilidades não voltam a ser questionadas na vida futura. Quando trata de se aproximar de alguém, intimidam-nos as vozes e as experiências íntimas de então, das quais não se tem mais consciência.

• **Valores, crenças, convicções**: Os pais transmitem suas convicções e seus valores aos filhos. Que valor é atribuído ao trabalho e ao prazer?

Os sonhos, muitas vezes, têm menos importância do que as especulações críticas. Acumulamos igualmente essas convicções, de forma inconsciente, e elas nos impõem limites e intimidações. Elas determinam quais aptidões se manifestam em nós e que tipo de comportamento adotamos. Acaso o trabalho é mais importante que o lazer e as atividades lúdicas? Qual o significado atribuído aos erros? Uma educação do tipo "seja perfeito!" mostra a pouca importância que, em geral, se dá à aprendizagem através dos erros.

- **Identidade**: A depreciação de uma pessoa traz conseqüências muito profundas, principalmente quando se apresenta ao jovem um modelo, pelo fato de a família ter concluído que um outro filho é mais inteligente. Os pais passam a medir os filhos com base no filho predileto, depreciando assim o amor-próprio dos outros. Naturalmente essas coisas não se passam de forma consciente, mas uma criança pequena armazena no cérebro esse tipo de avaliação como verdadeira. Na família de Karin G., por exemplo, as mulheres sempre foram consideradas menos inteligentes e menos valorizadas que os homens. Enquanto seus irmãos haviam recebido boa educação e foram incentivados a aprender com muita dedicação, Karin recebeu apenas uma educação mediana. Tinha a convicção de que o homem é mais importante e tem mais valor que uma mulher, o que a fazia supor que, na sua empresa, não dariam às mulheres a oportunidade de assumirem a chefia de um departamento.

- **Pertinência**: As pessoas que são criticadas no campo da pertinência, pautam-se sobretudo pelo que esperam delas. Uma frase como "Na nossa família, mulher casada não trabalha!", é capaz de produzir intimidações duradouras. Mais tarde, os desejos do parceiro ou do chefe se tornam mais importantes do que as próprias vontades. Muitas vezes ocorre o fato de desejos alheios serem confundidos com os próprios. Do mesmo modo como os pais, que cada vez mais elevavam o parâmetro da perfeição, para poder se orgulhar de seus filhos, do mesmo modo as pessoas assim intimidadas elevam, elas mesmas, tal parâmetro, jamais estando satisfeitas consigo mesmas. Nunca chamam a atenção para seus pontos fortes, nas esperam apenas que ninguém descubra que elas, efetivamente, não são tão boas quanto os outros acham. A psicóloga norte-americana Pauline Rose Clance chamou essas pessoas de "fracassados bem-sucedidos" e fala do fenômeno que ocorre com pessoas particularmente talentosas e que tentam alcançar a perfeição. Só conseguem ver o lado negativo de suas habilidades e de seu comportamento. Mesmo que, até o momento, não tenham apresentado senão desempenhos muito bons e, freqüentemente, acima da média, mesmo assim continuam intimamente convencidas de que a estrela da sorte poderá desaparecer a qualquer hora. Como interiorizam o desejo de perfeição dos pais, com o intuito de tomar parte do grupo, explicam seus feitos não por suas habilidades, mas pelas circunstâncias ou pela amabilidade das outras pessoas. E estes, naturalmente, podem mudar a ponto de virem a ser desmascarados como impostores ou fracassados. Os malsucedidos são pessoas extraordinariamente tímidas, porque sua atenção interna está sempre voltada para o que ainda não conseguiram realizar nem alcançar.

Sentir-se parte de um grupo produz no cérebro uma sensação muito profunda de segurança, e os filmes da crítica nesse campo intimidam profundamente. O jovem vai moldar seu comportamento e suas habilidades, seus valores e sua personalidade de tal forma que se sinta integrado e seguro! É justamente nesse campo que uma pessoa pode tornar-se extremamente tímida. E, mais tarde, em troca da sensação de estar integrada, ela sacrificará muitas coisas, sempre se questionando se ainda tem parte em determinados padrões de comportamento, habilidades, convicções ou características de personalidade e sem sombra da mais leve dúvida, essa pessoa se retrairá.

Freqüentemente, tais filmes de crítica se apresentam nos escaninhos do cérebro, não só como palavras, mas também como imagens, sentimentos, odores e sabores. Desfazê-los e reavivar os sonhos é a meta das medidas e dos meios que vêm mencionados a seguir.

Exercícios para o Poder Psíquico

Socorros imediatos

O peso desigual entre crítica, sonho e realização permite alterações, tendo em vista a PNL. Já que para estas frases: "quero mudar", "eu sou realista", "quem me ajuda, como vai ser?" temos posições corporais características, como primeiro passo precisamos deliberada e conscientemente dirigir-nos corporalmente da posição crítica para a posição realista. Os sinais característicos de uma pessoa realista são:

Descubra seu equilíbrio interior

O corpo está ereto. Desse modo, o cérebro se abastece de maneira otimizada de oxigênio ao longo da coluna vertebral. Quanto mais oxigênio chegar ao cérebro, mais células de pensamento poderão ser ativadas. O menor movimento para a frente, para a posição crítica dirigida para a esquerda, reduz o fortalecimento de oxigênio no cérebro, de tal sorte que partes dele têm de ser interrompidas, interrompendo-se, sobretudo, a criatividade, que não se fazia tão necessária num passado remoto, durante fugas e assaltos. Assim, tem início a própria intimidação e o *stress* que dela provém.

Uma pessoa realista é equilibrada, isto é, tem sempre os dois pés no chão. Essa posição simétrica tem uma vantagem especial: considerando que o cérebro se compõe de duas partes e que cada uma delas comanda o lado oposto do corpo, a postura de manter os dois pés no chão significa que podemos ligar de modo uniforme as duas partes de nosso cérebro sobre o nosso corpo, e portanto, também as áreas mentais da criatividade. Se então inspirarmos profundamente, de sorte que a inspiração se ajuste por si mesma, a postura realista tornar-se-á ainda mais concentrada.

O teste da simetria

Como você sabe que está realmente centrada e se mantém tão ereta que poderia pensar de forma realista? Como você sabe que é capaz de avaliar a realidade, que você tem os pés no chão? A resposta a essas perguntas você pode encontrar no chamado teste da simetria.

Descubra seu equilíbrio

Abra os braços para os lados, de sorte que seus ombros fiquem alinhados com os braços estendidos. Volte as palmas das mãos para a frente. Se você levar os braços assim como estão para a frente, encontrará as palmas de suas mãos. Estando as mãos em posição equilibrada, mantenha-se nessa posição simétrica e seu cérebro estará, por assim dizer, em equilíbrio. Os dois lados de seu cérebro estarão trabalhando de forma equilibrada. Se as mãos não estiverem na posição equilibrada, um dos lados do cérebro — e com ele o lado oposto do corpo — estará mais ativo que o outro. Para posicionar-se de forma simétrica e realista, junte as palmas das mãos de maneira precisa, estique o pescoço, movimente seus ombros para trás por tanto tempo, até que as mãos, sem que sejam conscientemente conduzidas, se encontrem, vindas equilibradamente dos lados.

Geralmente, quando pensam em situações intimidadoras, as pessoas tímidas reparam que encolhem o pescoço, que erguem os ombros e que levam as palmas das mãos para a frente, sem ajustar com precisão as palmas das mãos.

Essa maneira de endireitar-se e de pôr-se em posição ereta traz como conseqüência uma melhor adequação de sua postura com o mundo externo. Você estabelece contato com seu meio, enquanto averigua o risco que agora existe, questionando-o. As respostas a esses questionamentos você as busca além de seus sentidos, desprovidas de valor, desprovidas de crítica. Em vez de se amedrontar intimamente com os riscos, que talvez existam só para seus pais ou para aqueles que lhe são próximos, concentre-se no realizável. Como pessoa realista, viva a situação sem juízo de valor. Importa o que você vê, o que você ouve, o que você sente. Sua fase realista fica marcada pela disposição contínua de apreender novas informações relacionadas à tarefa principal: "realizar os sonhos". Fique atento para sentar-se simetricamente. Assim que você estiver posicionado simétrica e equilibradamente, repare que se torna muito mais fácil captar informações de fora e devolvê-las novamente ao mundo externo, o que significa precisamente realização.

Às vezes, por circunstâncias externas, chega-se à postura realista, como mostra o exemplo de Stephan R., 22 anos. Ele está encostado à parede de uma discoteca. Por sentir-se embaraçado, ele fuma um cigarro e segura o copo na outra mão, já que não sabe o que fazer com ambas as mãos. Tampouco sabe aonde ir, guiado por seus pés e suas pernas. Não se sente à vontade nessa postura corporal. Reflete antes de olhar para qualquer lado, sente-se inseguro e preferiria ir para casa. Obriga-se, no entanto, a ficar e se encaminha para a pista de dança, onde ninguém parece reparar nele. Graças aos movimentos e à dança, seu corpo fica mais solto e mais simétrico, proporcionando assim a que os dois lados de seu cérebro se encontrem num equilíbrio ativo. De repente ele sente prazer em olhar à sua volta e se pergunta como poderá fazer para aproximar-se de uma mulher simpática. Agora, olhar à sua volta lhe parece, sem dúvida, muitíssimo mais fácil. Quase inconscientemente, ele segue o ritmo de dança de uma mulher que está se voltando cada vez mais para seu lado. Tão interessado está Stephan em conhecê-la mais de perto que nem sequer lhe passou pela cabeça que as coisas poderiam correr mal.

Deixe-se seduzir pela realidade

Deixe-se seduzir pela realidade. Talvez você tenha prazer em conceber agora aquilo que poderia empreender para se deixar seduzir por uma bela ocorrência, partindo de seu mundo crítico interior.

Impomos a nós mesmos obstáculos através de experiências do passado que, como fitas de vídeo interiores, são armazenadas em nossa fitoteca cerebral e, quando da aparição de cenas semelhantes, são imediatamente evocadas, e o mesmo sentimento de perigo, de possível derrota, de falha intervém como nas situações passadas: intimida-nos, detém-nos, bloqueia-nos, mantém-nos aprisionados.

Um primeiro passo para sair desse mundo interior e crítico é o passo dado para o exterior. Mobilize todos os sentidos e distinga com os olhos, conscientemente, tudo aquilo que você vê. Em vez de vivenciar filmes de insucessos, você pode dirigir sua atenção para o exterior. Descreva-se a si mesmo, teça comentários a respeito do que você vê exteriormente. Exatamente o que você está vendo com seus olhos, que barulho e que palavras você está ouvindo? O que está sentindo na pele, como está sentado, como fica de pé, como se movimenta? Preste atenção também ao seu paladar e ao seu olfato. É claro que uma técnica como esta é melhor utilizada quando tiver algum tempo para si mesmo e não estiver em meio a uma conversa. Se, por exemplo, lhe pedirem, para que profira algumas palavras de improviso numa festa, e você souber que ainda dispõe de alguns minutos e que ninguém está lhe prestando atenção, será boa técnica concentrar-se em algo novo e desvencilhar-se do temor de críticas e do fracasso. Sentimentos totalmente novos e construtivos você pode experimentar, por exemplo, caso — seja real ou imaginário — olhar ao redor e observar e desfrutar o modo como alguém lhe dirige um sorriso, como o apreciam, o quanto de afeição as pessoas lhe dirigem!

Rompa com seu hábito

Rompa assim com seu hábito de se deixar

intimidar pelos filmes de horror! O novo hábito, fácil de aprender, conclama todos os sentidos para se voltarem para fora, para alguém, para alguma coisa e que lhe cause satisfação. Procure, ouça e sinta o que há de agradável à sua volta. Oradores principiantes deveriam ficar bem visíveis, sentados na primeira fila, sendo observados pelas pessoas de quem eles gostam e concentrando-se nelas e em seu olhar. Em seguida, mude as ocorrências falhas para as percepções externas positivas. Para que, no futuro, você alcance bem depressa essa mudança de fora para dentro, lance mão de um certo automatismo, como de uma alavanca, que como uma catapulta, o lançará para fora de sua timidez, toda vez que você quiser.

Lance âncoras

Como funciona uma alavanca? Como recordar a capacidade de ir para fora e inserir nossos sentidos no mundo exterior? O que a PNL utiliza aqui é conhecido como condicionamento, desde os testes de Pavlov. Vamos sintonizar nosso conhecimento a respeito dos modelos de reação e estímulo, com a famosa experiência de Pavlov com o cão. No primeiro experimento, o cão recebe a comida quando ouve o soar de uma campainha; na seqüência, sua salivação aumenta ao ouvir o som e ver seu alimento. Algum tempo depois, o cão só ouvia o som da campainha, e mesmo sem comida, produzia-se a saliva do cão.

Nós somos tão programáveis quanto o cão pavloviano. Um olhar, uma palavra, um toque, uma determinada cor ou um perfume nos evocam imediatamente uma determinada experiência e provocam um determinado comportamento. Assim como as pessoas tímidas podem entrar em pânico com certas palavras e certa maneira de dizer, como: "Fale apenas o necessário!", "Exponha os fatos sinteticamente!", do mesmo modo podemos usar nossos modelos positivos de reação e estímulo. Sempre tendo em vista que alcançamos nossos objetivos com maior facilidade, disposição e maior segurança, a PNL utiliza esses modelos de reação e estímulo no sentido positivo e construtivo. Isso é chamado de âncora. A âncora é o estímulo que desperta em nossos sentidos — visão e audição, tato, olfato e paladar — e no interior de nós uma experiência completa. Nosso cérebro, em pouquíssimo tempo, aprende tais relações de reação e estímulo, que sempre podem voltar a ser evocadas. Se fôssemos desprovidos dessa capacidade, teríamos a cada manhã que meditar mais uma vez sobre tudo e mais uma vez tornar a aprender.

Você pode lançar uma âncora cuja finalidade será a de, por assim dizer, transportá-lo automaticamente de dentro para fora. Você pode, por exemplo, usar um talismã. Ao contato com ele, você reviverá intensamente a sensação de ter consciência exterior, e todos os seus sentidos poderão interar a favor do que é externo. Ingrid M. utiliza, como âncora, uma pequena concha, para fazer seus sentidos voltarem-se para fora. Essa concha ela a encontrou durante suas férias, quando foi fazer a primeira caminhada pela praia, numa região muito bonita; ela sentia a areia sob os pés, como também sentia a brisa suave que vinha do mar; sentia o sol, via as cores das ondas e do mar e todos os sentidos em alerta. Ela soube familiarizar-se com esse novo local de férias. A concha que ela encontrou logo em seu primeiro passeio à praia, fazia-a sempre de novo lembrar como é bom empregar todos os sentidos para vivenciar o mundo exterior.

Existem muitas âncoras

Existem ainda muitas outras possibilidades de fundar âncoras. O criador da PNL parte do princípio de que todo o corpo é capaz de lembrar, com intensidade, um acontecimento durante uma concentração de hormônios. Encontre em você mesmo um ponto em seu corpo que lhe seja fácil reencontrar a qualquer momento, e, principalmente, um ponto que lhe seja possível tocá-lo o mais discretamente possível. Experimente, contudo, muito bem para verificar se esse toque libera determinadas sensações ou pensamentos estando portanto já "ocupado" de antemão; cite-se como exemplo: coçar eventualmente o queixo, puxar o lóbulo da orelha, esfregar os dedos uns nos outros, enrolar os cabelos, franzir a testa. Bem adequados são os nós dos dedos no dorso da mão ou a base das unhas das mãos.

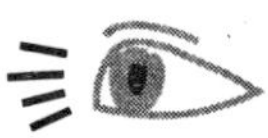

Uma vez descoberto seu ponto de âncora, direcione todos os seus sentidos para o mundo externo. Primeiramente, os olhos. Vivencie então intensivamente o que você vivencia com os olhos, sem atribuir-lhe valor. Talvez você também fale consigo mesmo e chegue a descrever o que vê e, assim, concentradamente, voltar-se para o mundo externo com todos os sentidos. Ouça também atentamente! Que barulhos, sons, melodias você é capaz de diferenciar? Procure sentir com a pele, com os músculos, com o senso de equilíbrio, tudo aquilo que você está sentindo! Por fim, utilize também o sentido do olfato e procure distinguir odores e perfumes sutis, descrevendo-os. Passe a língua pelos lábios e sinta-os. Utilize seu sentido do paladar e sinta em sua boca, em seus lábios, o gosto do que há para ser provado e dê-lhe um nome.

Uma vez reunidos e assim combinados todos os sentidos, e estando você inteiramente voltado para o aqui e agora e o exterior, aperte seu ponto de âncora. Poucos minutos depois, volte a tocar o local, imprimindo a tal procedimento um estímulo bem consciente. O programa de percepção da realidade externa então há de intervir e, na verdade, automaticamente. Já que se trata de um programa deveras insólito, provavelmente levado a prática com pouquíssima freqüência, recomenda-se utilizar uma vez por dia essa âncora e, com ela, robustecer continuamente sua eficácia. Se, no futuro, vivenciar algo agradável, traga tal experiência conscientemente para os sentidos. Se alguém lhe sorri, considere isso atentamente! Armazene toda experiência positiva. Se alguém lhe disser algo simpático, preste atenção no timbre de voz e lance na oportunidade sua "âncora externa"; procedendo dessa forma, você disporá, ao final, de um botão automático, capaz de comutar o interno e o externo. A grande vantagem de um botão como esse, um comutador, consiste no fato de que é possível estar oportunamente preparado para as percepções externas, quando lhe sobrevier uma situação intimidadora. Deixar-se levar por imagens críticas interiores passa a se tornar difícil, quase impossível. Exatamente esse é o objetivo.

Utilize os padrões do olhar

A curto prazo, há outras possibilidades eficazes para não se permitir absolutamente que venha à tona a timidez. Os métodos que vêm a seguir são apropriados principalmente para aquelas ocasiões em que você, em silêncio, busca preparar-se para um acontecimento que em breve ocorrerá e que até o momento o intimidava. Para escapar diante desse *stress* crítico interior, podemos, por assim dizer, guiar com os olhos e, dessa forma, atingir áreas sensoriais do cérebro totalmente distintas. Para esse fim, é útil saber qual informação sobre a respectiva direção do olhar que se deixa evocar. Se os olhos estivessem voltados para cima, sem que a cabeça se mova, evocam-se assim, no cérebro, informações visuais; se os olhos, tanto do lado direito como do lado esquerdo, praticamente se fixarem no ponto central, vai tratar-se então de informações auditivas e verbais. Se a íris se mover na terça parte interior, vai tratar-se então de sentimentos ou de monólogos interiores.

Como mostra o gráfico, podemos colocar a íris em seis posições distintas:

Área superior dos olhos: Quando a íris, preponderantemente, se detém nessa área, tratar-se-á então de informações visuais. Em tal posição dos olhos — superior à direita ou superior à esquerda —, as áreas do cérebro serão ativadas com informações de imagem, para vivenciar impressões visuais, e, efetivamente, internas. O lado direito e o lado esquerdo da posição dos olhos têm um significado especial, segundo o qual o lado para o qual se dirige o olhar está associado muito mais à pessoa em si do que ao seu observador. As afirmações referem-se a uma pessoa tipicamente destra. Uma pessoa canhota precisa verificar essas posições dos olhos e comprovar se, para ela, vale tal padrão *standard,* ou se estão trocados os lados desses padrões.

Olhos voltados para cima, à esquerda: Essa posição significa que as imagens, já vistas alguma vez e armazenadas no lado direito do cérebro, são evocadas.

Olhos voltados para cima, à direita: Trata-se, aqui, de imagens que nunca se viu, por exemplo, imagens de sonho, imagens de desejo: A pessoa que sonha utiliza preferencialmente essa posição dos olhos e constrói imagens diante de seu olho interno. É claro que palavras e sentimentos também fazem parte das imagens de sonhos e das imagens de desejo.

Área central dos olhos: Trata-se, aqui, da audição, de palavras, de sons.

Olhos voltados para o centro, à esquerda: Frases, sons e ruídos captados pelo ouvido! Em tal posição dos olhos, os conselhos, as advertências e as críticas da pessoa respectiva são

Padrão do olhar

Lado direito

Lado esquerdo

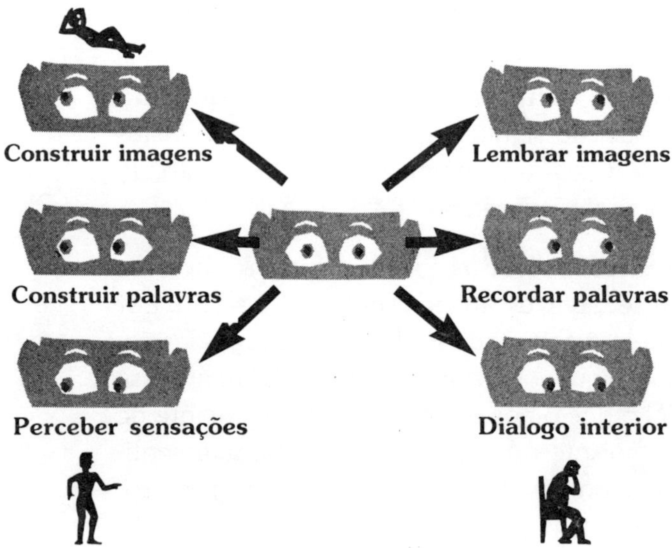

Sonhadores constroem imagens

Realistas sentem intensivamente e se mobilizam

Críticos utilizam o diálogo interior

(Adoção de pessoas destras)

reavivadas. Particularmente bem você conseguirá ouvir advertências do passado, ao mesmo tempo que você inclinar ligeiramente o corpo para a frente, ativando assim a área central do corpo e levando a íris conscientemente para o centro dos olhos, à esquerda.

Olhos voltados para o centro, à direita: Tons, sons, ruídos já prontos. Nessa posição dos olhos, torna-se mais fácil evocar as assim chamadas afirmações, frases positivas, encorajadoras, e as palavras de conforto e amparo aos sonhos ou à realização.

Olhos voltados para baixo, à esquerda: Aqui, você se encontra no chamado diálogo interior: você dá ouvidos a si mesmo ou fala consigo próprio. Como em nossa cultura prevalece o dito popular: "Auto-elogio cheira mal", temos aqui, com extrema freqüência, acesso ao diálogo interior crítico. E logo você ouve: aqui se assenta a voz de seu crítico interior, aqui você se prepara, aqui você conduz as suas falas próprias, como Margot H., antes de ela tentar partilhar seus desejos com o grupo: "Quem sou, quem quer me ouvir, a quem isso pode interessar?"

Olhos voltados para baixo, à direita: Para uma pessoa destra, ativam-se os centros de sentimento. Nessa posição de olhos, recordam-se melhor as experiências intuitivas e, ainda mais, evocam-se informações do olfato e do paladar. Recorde-se de como você corria descalço pela areia quente da praia, como se sentia, pouco antes de levantar-se e — aqui particularmente significativo — como se sente ao querer apanhar uma coisa, quando caminha na posição realista.

Com um simples giro de olhos, partindo da posição crítica (diálogo interior, embaixo à esquerda), podemos chegar à posição realista (investigações intuitivas da própria ação, embaixo à direita) e à posição de sonhador (construir imagens, em cima, à direita). Se você sentir que sua timidez aumenta e que começam a se espalhar pelo corpo todos os fenômenos de *stress* e timidez, gire seus olhos para outras posições, por exemplo, da esquerda, embaixo, para a área central, à esquerda, e para a esquerda, superior. Assim você alcança a zona da memória visual, e talvez seja possível lembrar-se de como já venceu outra vez, de forma competente, situação semelhante. Mas, mesmo que você ainda não tenha logrado êxito, basta girar os olhos para interromper o diálogo interior crítico. Procedendo assim, o diálogo interior crítico se equilibrará com outras informações, e você pode deslocar-se, com muito mais facilidade, para a posição de sonhador e realista, e lembrar-se de seus desejos.

Descubra sua palavra mágica

"Relate sucintamente o resultado!", ou "Você, talvez, poderia fazer isso?", ou ainda, "Vamos, conte uma piada....!" Quando intimações desse tipo soam para você como palavras aterrorizantes, então você sem dúvida põe em ação seu plano de fuga. Se você se imaginar escrevendo palavras terríveis, grande parte delas vai se apresentar numa caligrafia infantil, miúda, ilegível e em preto-e-branco. Pergunte-se a si mesmo como a intimação mencionada, a de expor alguma coisa, lhe parece escrita interiormente: qual caligrafia, com que cor, que pano de fundo, como se parecem as letras? Tudo isso vai agir diretamente sobre seu bem-estar. Como ela deveria ser escrita para lhe parecer agradável?

Como você já sabe, as reações corporais do *stress*, sentidas pelas pessoas tímidas quando intimadas a expor alguma coisa, moldam-se com base em experiências árduas. Nosso cérebro toma consciência não só do significado, do som e da ortografia das palavras, como também evoca experiências físicas e psíquicas que, até esse momento, associamos com tais palavras terríveis. A palavra falada ou concebida faz suscitar as experiências do passado.

O método da palavra mágica altera o caráter das experiências árduas. Veja as palavras de estímulo que lhe dissolvem a timidez, quando vêm escritas de forma solta, colorida, vibrante! Deixe-se elevar pelos "is" e "os" das nuvenzinhas de vapor e dê a forma de uma onda à letra. A experiência: "Vá em frente, faça-nos um relato sucinto" dessa forma perderá seu poder ameaçador. Anote o mesmo título da imagem terrível de uma forma que o encante e experimentará uma evidente melhora. Com o auxílio de suas palavras escritas de forma encantadora, deixe de lado a posição interna de crítica; só assim será possível estimular plenamente a posição de sonhador e de realista.

Crie sua própria aura de força

São sempre as mesmas experiências, situações e pessoas que provocam a timidez! A declaração: "Quando meu companheiro fala comigo num tom exigente, freqüentemente eu me sinto intimidada", isso pode ser humanamente executado, mas não do mesmo modo lógico para o cérebro. O cérebro tem a capacidade de ligar para sempre a um programa estímulos externos e sentimentos internos, quando da primeira experiência. Essas antigas experiências, internas, que são novamente evocadas a cada encontro semelhante, indicam se nos sentimos intimidados, encorajados ou conscientes quanto a nós mesmos.

Nossa linguagem espelha claramente aquilo que extraímos internamente de nosso arquivo cerebral: Internamente, você enxerga preto ou vermelho? Você não faz nem idéia? Está parado diante de uma montanha? Então, descreva verbalmente as imagens inconscientes que o intimidam e o deixam desamparado. Essa maneira de assistir a fitas sonoras internas de nosso arquivo cerebral nós a projetamos à nossa volta, numa espécie de ambiente para projeção de imagens. Pense, por exemplo, em algumas pessoas que o intimidam e deixe-nos agora compará-lo passo a passo com imagens interiores dessas pessoas:

Tamanho da imagem

Forma da imagem (retangular-quadrada?)

Matizes (mais claro, mais escuro?)

Onde se localiza a imagem? (em cima, em baixo ou...?)

A que distância?

À direita ou à esquerda do centro de seu corpo?

A imagem vem emoldurada ou simplesmente se expande?

Considere a primeira pessoa que de algum modo o intimida e descreva a imagem que você experimenta dessa pessoa. Ao mesmo tempo, a segunda, a terceira pessoas. Provavelmente você já não irá absolutamente precisar apontar a imagem da quarta, quinta e sexta pessoas. A qualidade da imagem interna será semelhante: seus olhos internos se dirigem para os filmes de timidez e você não tem nenhuma chance de proceder de forma diferente.

Tome agora como exemplo contrário pessoas que o animam de modo excepcional, que o tornam consciente de si mesmo, que o fortalecem. Descreva suas imagens, com o mesmo desvelo de um proprietário de galeria! Via de regra, quadros pequenos e escuros, opacos e numa moldura preta com contornos difusos provocam a timidez, ao passo que as suas imagens são imagens fortes, têm matizes claros e contornos nítidos e são freqüentemente tridimensionais e nítidas.

Algumas dessas qualidades de imagem deixam-se modificar permanentemente, algumas podem apenas ganhar uma forma. Importante indagar se você evoca a experiência internamente do modo como você a viveu ou se traça para você uma imagem de si mesmo. A própria visão da experiência age de maneira muito mais imediata e extrai os sentimentos da ocasião mais rapidamente do que se você se estivesse vendo de fora.

Porquanto a qualidade da contemplação de imagens internas foi definida por pessoas de nossa referência, temos agora a possibilidade de dar forma ao nosso universo imaginário, interior, do modo que quisermos. A aura da felicidade toma o lugar da aura da timidez.

Crie para si imagens fortes de habilidades e de autoconsciência mediante a mudança de qualidades das imagens, que se conservam estáveis mesmo em situações incomuns, ficando sempre presentes e que o deixam numa excelente forma.

Neutralize suas imagens de timidez

Adapte-se aos filmes internos reconfortantes. Para tanto, você precisa buscar aquilo que neutraliza ao máximo suas imagens de timidez.

Evoque uma situação qualquer que o intimida ligeiramente, mas, numa escala de *stress* de 1 (= ligeiramente) a 7 (= intensamente), mantenha-se nos valores de escala 2 — 3. Volte a vivenciar a situação com todos os sentidos, mas principalmente com seu sentido da imagem, e deixe a timidez aumentar mais uma vez em si mesmo. Em seguida, altere, um a um, os detalhes da imagem. Perceba como as suas sensações relativas à timidez vão se modificando. Avalie a intensidade do sentimento numa escala de 1 (= alteração muito leve) a 5 (= alteração muito forte). Em seguida, faça a mudança, no sentido inverso.

1. *Tamanho da imagem*: Primeiramente, amplie a imagem interior, depois diminua-a! Esteja atento ao modo como seus sentimentos se alteram!

2. *Cores/Luminosidade*: Varie a intensidade das cores: das mais claras e intensas, ao preto e branco! Procure perceber o que se altera com seus sentimentos!

3. *Distância*: Alterne a distância da imagem de muito perto para muito longe! Perceba o que se passa com seus sentimentos!

4. *Nitidez:* Modifique a imagem, da nitidez cristalina dos detalhes para a nebulosa imprecisão. Como é que se alteram seus sentimentos? O contraste: regule a diferença entre claro e escuro, do contraste acentuado ao matiz mais suave. O que se passa com seu sentimento?

5. *Molduras*: Passe de uma imagem com moldura para uma imagem panorâmica que se alastra dentro de sua cabeça! Você consegue enxergar mais quando movimenta a cabeça? De que modo se alteram seus sentimentos?

6. *Movimento*: Altere a imagem, de uma foto estática para um filme. Sirva-se de velocidades diferentes e examine a mudança de seus sentimentos.

7. *Proporções*: Torne a imagem grande e estreita, depois pequena e larga. Perceba de que modo seus sentimentos se modificam!

8. *Observação à parte*: Examine a direção oscilante da imagem, o primeiro plano e o pano de fundo, e outras qualidades da imagem.

Talvez você já tenha uma idéia de qual seja sua qualidade de imagem. Bandler, um dos criadores da PNL, descobriu que muitos de nós reagem criticamente às qualidades das imagens:

Cores/Luminosidade: Em geral, a retirada das cores, com a conseqüente conversão da imagem em preto-e-branco, reprime os sentimentos.

Dimensão: Uma imagem muito pequena age de forma muito mais fraca sobre os sentimentos do que uma imagem grande.

Distância: Imagens mais próximas atuam com maior intensidade do que imagens distantes.

Associado/dissociado: Contemplando as imagens pelos próprios olhos (associados), os sentimentos, via de regra, se tornam mais intensos, porque a situação é mais uma vez revivida na maior intensidade de sentimentos. Contemple-se de fora, assim, em geral, você sentirá intensivamente menos.

Quando você tiver reconhecido a qualidade de imagem que, na maior parte das vezes, neutraliza o sentimento de timidez, ser-lhe-á mais fácil adaptar-se internamente ao fortalecimento. Contando com essa qualidade a timidez se neutraliza.

Procure ofuscar a sua timidez

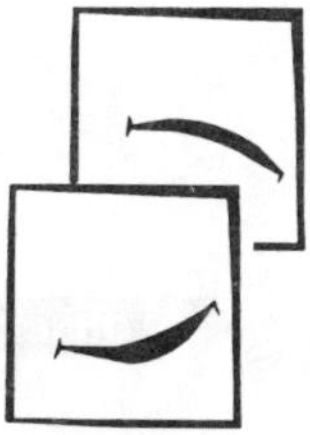

Ainda há pouco, de bom humor, e agora intimidado?!

Você conhece essa situação, não conhece? Peter, estudante, enrubesce toda vez que uma jovem atraente o encara diretamente nos olhos. Manfred começa a gaguejar quando alguém, ao lhe atribuir um trabalho qualquer, fica a observá-lo de uma forma desafiadora. Dietlinde se esconde em si mesma quando seu marido adentra a porta da casa com uma determinada expressão no rosto. Ela já sabe que ele está trazendo convidados inesperados, os quais ela, logo agora — não importa a hora —, é obrigada a receber. Certos sinais — sobretudo expressões faciais, posturas do corpo ou olhares — provocam no cérebro sempre o mesmo filme de timidez. Utilizamos agora esse processo de sobreposição de imagens dando-lhe nova direção: fortalecimento mediante imagens de habilidades. Em vez de sermos intimidados por meio de determinados sinais, podemos utilizar esses sinais para reagir de

Como neutralizar as imagens de timidez

tamanho da imagem	pequeno - grande
cor, luminosidade	clara - escura, intensa...
distância	perto - longe
clareza	nítida - esfumaçada, embaçada
moldura	estreita-imagem panorâmica
movimento	foto - filme
proporção	estreita - alta, larga...
observação à parte	pano de fundo ou?

Imagine-se, por exemplo, assim:

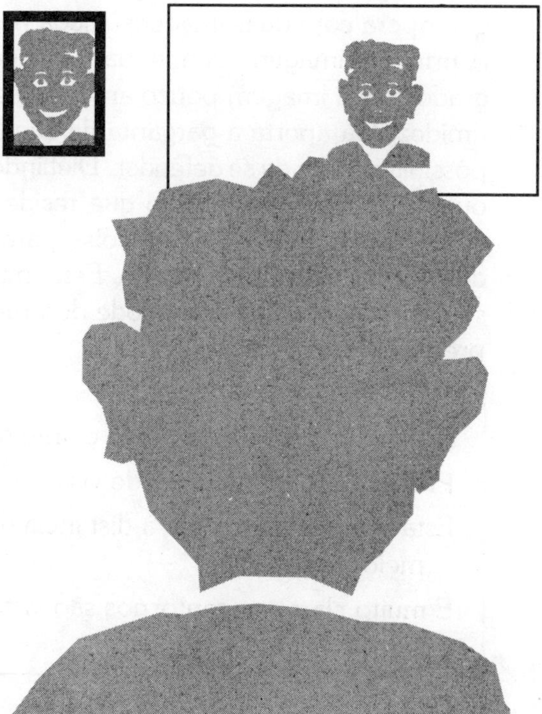

Nosso cérebro opera como um televisor

modo especialmente eficiente. Nosso cérebro deixa-se comparar ao aparelho de televisão: *closes* muito nítidos se ampliam subitamente, preenchendo toda a tela, ou vão se reduzindo na tela e assim, uma imagem de segundo plano, mediante o *zoom*, passa para o primeiro plano. Em Dietlinde, a expressão embaraçadora e ao mesmo tempo intimidadora de seu marido gera sensação de impotência. Há provavelmente, na origem disso, experiências dolorosas e mal assimiladas. A técnica de sobreposição de imagens, que opera com duas imagens, ajuda nesse caso. A primeira imagem, denominada imagem deflagradora, é a imagem pouco antes de se iniciar a timidez. Ela aperta a garganta de Dietlinde, impossibilitando-a de se defender. Dietlinde vivencia outra vez o acontecimento que reside na base: de outras ele falava alguma coisa para ela, mas desta vez ele está bem calado. Essa imagem que se desencadeia, Dietlinde pode descrevê-la com precisão:

> A imagem está diretamente diante dela.
>
> Preenche todo o campo de visão.
>
> Está aproximadamente à distância de meio metro.
>
> É muito clara, os contornos são vistos de forma nítida.

Como passo seguinte, Dietlinde se recorda de uma imagem de habilidade que mostra o modo pelo qual ela certa vez, de modo sereno, já havia repelido exigências. Não é necessário que seja essa a situação. Ela traça uma imagem de si mesma, quanto ao modo como ela simplesmente recusou um pedido de sua vizinha. Essa imagem interior, com todos os aspectos positivos, é, para Dietlinde, essencialmente menor, mais escura que a imagem que provoca a timidez. A imagem quanto às habilidades é contemplada de fora, isto é, Dietlinde se vê como numa fotografia, se vê agindo.

É importante que as conseqüências de seu ato se ajustem em sua vida. Daí por que ela se pergunta o que aconteceria se reagisse assim. Como seu marido reagiria? A essa altura, isso é bom para ela? Como ela deve proceder, para que ele saiba: ela lhe é muito fiel, mas agora gostaria de perseguir seus próprios objetivos e não se deixar atrelar à frente da carroça dele. Na imagem escolhida da reação futura se inclui a conseqüência da nova maneira de proceder, de sorte que não há, na seqüência, surpresas desagradáveis que suscitem em Dietlinde ainda mais timidez.

A pequena imagem desejada de aptidão se introduz então no canto esquerdo inferior da imagem deflagradora, como um selo postal. Tem início, então, um processo de sobreposição de imagens. Dentro de um minuto, Dietlinde reduz a imagem maior de timidez para o tamanho de um selo postal, no canto esquerdo inferior, e ao mesmo tempo amplia a pequena e escura imagem desejada para o tamanho da imagem deflagradora de outrora. Todo esse processo deve dar-se, no máximo, em um segundo. Depois de cada processo de sobreposição de imagens, espere alguns minutos e evoque mais uma vez a situação de desenlace com a grande imagem deflagradora e com a pequena imagem desejada localizada no canto inferior esquerdo e execute mais uma vez o processo de sobreposição de imagens. Depois de uma passagem quatro a cinco vezes repetida, a imagem de desenlace já nem deveria ser evocada. Deveria ser sobreposta pela imagem ideal. A prova é saber se a imagem provocadora desapareceu, dando lugar à imagem ideal. Então, sim. Você já pode inserir os atributos preferidos da imagem, para tornar ainda mais atrativa essa imagem ideal, de tal sorte que esteja inconscientemente no cérebro e se liberte imediatamente.

O disparador pode ser uma imagem, uma palavra ou uma provocação. É possível aplicar-se também o processo de sobreposição de imagens à qualidade vocal e verbal. Uma vez provocada a timidez em função da escolha de uma determinada palavra, pode-se utilizar essa voz como voz deflagradora e planejar foneticamente sua própria reação. Com que intensidade do som, velocidade, ritmo, tom e modulação sonora, alguém repelirá serenamente os pedidos, em vez de, quem sabe, simplesmente obedecer a eles, com a voz embargada e solícita? Enquanto a voz deflagradora fica distorcida para baixo, a voz da descontração, ao mesmo tempo, fica aberta. Para pessoas que sabem ouvir, essa é uma técnica conhecida e facilmente exeqüível. Para pessoas que enxergam, a técnica da sobreposição de imagens é, via de regra, mais apropriada. Com exercício adequado, você conseguirá combinar ambas as técnicas.

Igualmente importante é a escolha da situação. Deve-se tratar de uma situação que intimide regularmente. A um determinado estímulo você sempre reage timidamente, mesmo que você gostasse de reagir de forma diferente. Passe por uma dessas situações de intimidação e reflita sobre o que está vendo internamente. O que você ouve? O que você sente, antes de se intimidar? Trata-se do ponto em que você ainda não se deixou intimidar; no entanto, você sabe que logo a timidez se instalará.

Descubra sua imagem ideal

Qual é seu desejo, como você gostaria de proceder? Faça-se uma imagem de si mesmo, como você gostaria de reagir numa determinada situação. Ao construir essa imagem ideal, descreva-a em sua dimensão, distância, cores, contornos etc., e observe se a qualidade de voz também representa algum papel. Tome como genuínos os seus sentimentos no que concerne à sua imagem ideal. É algo atraente proceder dessa maneira? Verifique quais são as conseqüências de tal procedimento. Imagine a situação. De que maneira ela se prolonga, quando você procede de maneira adequada?

Sua vida, por meio de novos modos de proceder deve enriquecer-se e não tornar-se mais difícil. Procure reduzir a sua imagem ideal, colocando-a, como um selo postal, no canto inferior esquerdo da imagem deflagradora de sua timidez (para os destros; os canhotos deveriam experimentar se não é melhor colocá-la no canto inferior direito e executar o processo de sobreposição de imagens da direita para a esquerda). Dentro de um segundo, ela já estará sobreposta. A pequena e escura imagem de seu objetivo, embaixo à esquerda, no canto da imagem deflagradora, maior e clara, tornar-se-á clara e grande, enquanto a imagem deflagradora será reduzida para o tamanho e o formato de um selo postal, ficando no seu canto correspondente. Respire fundo antes de repetir esse caso. Depois de quatro a cinco vezes, realize um teste: procure trazer mais uma vez diante de seus olhos interiores a imagem da timidez. Ela por certo deveria ter perdido o seu efeito. Caso contrário, repita o exercício. Adicionalmente, revigore o magnetismo da imagem ideal com qualidades de imagem, som e sentimento. Dê livre curso à sua fantasia! Aperfeiçoe suas habilidades, enquanto exercita não só o processo figurativo de sobreposição de imagens como também o processo de sobreposição de imagens sonoro, combinando-os um com o outro.

Olhe-me nos olhos!

"Ah, se eu fosse capaz!" O que acontece com Johannes B., pode ocorrer com muitas pessoas tímidas. "Eu passo por um blecaute quando as mulheres se aproximam de mim para que eu dê início ao treinamento e quando me encaram, porque ainda não sabem o que fazer. Às vezes eu me sinto extremamente embaraçado e incapaz de dar as orientações corretas. E não sei, absolutamente, o que fazer contra isso!" Johannes B. é um atleta, corpo bem-trabalhado, proprietário de uma academia de ginástica. Recentemente ele contratou um outro esportista para ser o treinador de senhoras, pois ele pessoalmente suava em bica, enrubescia e gaguejava, toda vez que iniciava as jovens mulheres nos aparelhos de ginástica. Isso costuma ocorrer, com freqüência, na primeira aula, mas ele não seria capaz de prever quando o acometeria essa sensação de pânico e timidez. "São as expectativas que eu inconsciente e aparentemente adivinho nos olhos. Mas esse conhecimento também não me ajuda. Não é que eu não tenha nenhum sucesso com as mulheres. Ao contrário: por exemplo, quando conheci minha atual namorada, não me vi, absolutamente, acometido de ataques de timidez!"

Um olhar diz mais do que mil palavras

Um olhar muitas vezes diz freqüentemente muito mais do que mil palavras! Principalmente no processo educativo: olhares admoestadores, desaprovadores, severos, punitivos, irados intimidam uma criança de um modo tal a deixar marcas indeléveis. Cada vez que os olhos se põem a olhar dessa maneira, despertarão os sentimentos de medo, timidez e fracasso, sem que se tenha consciência disso. Criar imagens de competência e capacidade como se mantém o contato do olhar, muitas vezes é impossível se certos olhares continuarem a evocar velhas lembranças. Johannes B., quando jovem, quis tirar uma fotografia de sua família durante a noite de Natal, mas o *flash* falhou. Todos olharam para ele, cheios de expectativa. Ao acionar a máquina pela primeira vez, a luz do *flash* não se acendeu. Todos o animaram, só que, na terceira, quarta, quinta tentativa, começaram as risadas, os gracejos, o pouco-caso. Por fim, ele desistiu, sem deixar, porém, de continuar ouvindo o riso das pessoas. Bem à sua frente, ele vê a imagem de sua mãe, acima de tudo, e ainda hoje ele vivencia aquele olhar punidor. Sobrevém-lhe o sentimento de vergonha e de frustração. Para Johannes B., aqueles olhos inquisidores tornaram-se uma lembrança desafiante e intimidadora. São principalmente as mulheres que olham, de modo inquiridor, ao se exercitarem nos aparelhos de ginástica. Antes que consiga qualquer coisa em tais situações, Johannes B. começa a suar, suas mãos ficam úmidas e sua garganta se fecha. Uma mulher ficou irritada e foi embora, pois interpretou a atitude dele como uma tentativa de assédio. O espanto ainda perpassa os seus membros. Nosso cérebro associa cada nova ocorrência de timidez a um velho filme, e o efeito é devastador toda vez. Já que esses filmes de timidez se acumulam preponderantemente na memória imaginativa, pouco se conseguirá por meio de bons conselhos e estímulos. A experiência original deve ser neutralizada e novamente armazenada na lembrança como experiência adequada.

Troque de papel!

Algumas experiências são tão amargas que a Programação Neurolingüística (PNL) desenvolveu uma técnica especial para neutralizar tais acontecimentos.

Imagine-se indo ao cinema e querendo ver, como filme, a primitiva experiência. Você, como que flutuando, sai de si mesmo e se transforma no operador cinematográfico. Um operador de cinema tem pouco interesse pelos sentimentos do espectador, preocupando-se, isto sim, em verificar se a luminosidade está adequada, se a cortina se abre corretamente, se o som está claro e se o volume da música está na altura correta. O que se passa no filme não lhe interessa. Contemplar uma situação difícil, carregada, através dos olhos do operador dos filmes, provoca afastamento desses acontecimentos. Esse método nos oferece a possibilidade de avaliar de novo uma situação.

Você altera a qualidade da imagem de tal sorte que os sentimentos se tornam ainda mais neutros. A técnica moderna de filmes e vídeos nos ensina como nosso cérebro também pode alterar fundamentalmente as imagens e os sentimentos a ela relacionados. Imagine-se durante a exibição de um filme policial, você diminuindo o volume de som nas passagens mais empolgantes e retirando as cores. A sensação de tensão diminui repentinamente! Continue a se imaginar agora rebobinando o filme com a velocidade dobrada.

Esse método foi o que Johannes B. utilizou para sua lembrança intimidadora. Primeiramente ele procura lembrar-se como era o cinema quando, pela primeira vez, foi assistir a um filme. Sentou-se na poltrona, como se as cortinas já fossem se abrir e como se na tela já subissem os letreiros do filme. A esse filme Johannes B. deu o título neutro de "*Contato do olhar*". Ele foi assumir a posição do operador de filmes: tinha diante de si os rolos do filme e o projetor, cheio de botões, com os quais regularia a projeção e o som; havia ainda as alavancas para acionar a cortina e ligar a refrigeração. Dali, podia também ver a sala de exibição e nela se viu sentado. A cortina ainda não fora aberta. Ele apertou um botão. Diante de seus olhos interiores, abriu-se a cortina. Seu nome apareceu na tela, como protagonista, e teve início o filme "*Contato do olhar*". Naturalmente sua atenção se concentrava em saber se tudo estava correndo bem: a velocidade do filme, a focagem certa de luz e o volume do som. Na qualidade de operador de cinema, ele não apreciava senão a qualidade do filme. O conteúdo lhe era secundário. Ele podia assistir-se a si mesmo, como na época, quando menino, tentou desesperadamente acionar o *flash* da máquina para fotografar a família. Ele via como o pequeno Johannes envidava todos os seus esforços e como ele erguia mais alto os ombros, e ficava em pé, muito desajeitado, e seu coração se contraía. Mas, a essa altura, o filme também já havia terminado.

Agora, de seu posto de observação, na qualidade de operador, ele passa o filme de trás para a frente, em velocidade dobrada, e já consegue vê-lo mais serenamente. Os sentimentos incriminadores, que ainda o haviam atingido durante a primeira projeção, tornaram-se mais amenos. Durante cada nova projeção, os sentimentos de embaraço, de fracasso e de intimidação iam desaparecendo. Quando Johannes B., em seu papel de operador de filmes, foi capaz de assistir ao filme na seqüência correta e de trás para a frente com os mesmos sentimentos imparciais, voltou para a sua poltrona no cinema e assistiu ao filme até o final.

O último passo consiste em que ele, no final, salta para dentro do filme e passa o filme mais uma vez como parte do elenco e, na verdade, de trás para a frente. Você pode imaginar como é desconcertante tudo isso? Você entra no final de um filme pesado, mais uma vez você se torna um co-ator, olha em volta de si como naquela época e tudo caminha de trás para a frente! Logo que Johannes projetou o filme de trás para a frente, sendo ele também ator, ele riu por tudo que aconteceu! Quando se consegue rir por alguma razão, marca início a reconciliação.

Àquela época, Johannes B. também havia aprendido a ocupar-se mais intensamente com aparelhos eletrônicos. Em sua academia, ele utilizava, por exemplo, aparelhos que funcionam computadorizados. Dessa forma, ele estava muito além de todos os outros proprietários de academias *Fitnes*. A experiência intimidadora ganhou um significado novo e positivo: também seu interesse pela técnica havia despertado àquela época.

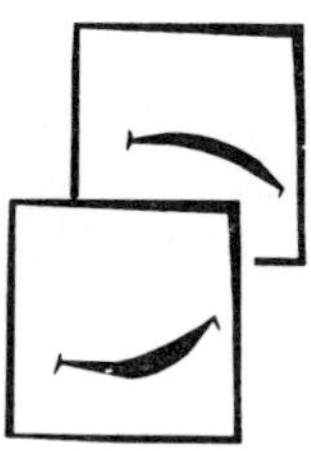

Geralmente, basta a reconciliação com a experiência originária a fim de suprimir para sempre o efeito do olhar intimidador! Com Johannes, nesse meio-tempo, com certeza, haviam-se associado ao filme original muitas experiências intimidadoras novas. Como operador de filme, Johannes B. via agora a última experiência intimidadora, quando aquela mulher se sentiu "assediada" e foi para casa. Clientes que vêm e, por seu comportamento, voltam novamente para casa, desencadeiam nele medos existenciais. Ele denominou o filme de "*Reação em cadeia*" e teve de vê-lo três vezes na seqüência normal e de trás para a frente, antes de neutralizar seus sentimentos. A voz da mulher representava um importante papel, e só quando ele fez disso um filme em preto-e-branco com música de opereta é que foi capaz de rir de sua reação e reconciliar-se com essa experiência. Como diretor, numa poltrona de cinema, ele criou um novo filme, no qual consolava tais clientes. Tendo assistido diversas vezes a esse filme, colorido, com vozes melodiosas, ele se sentiu seguro para desfrutar o próximo olhar inquisidor de uma mulher como aquilo que realmente é: "Aqui alguém ainda quer aprender algo, aqui ainda faltam informações, aqui eu posso desempenhar funções como consultor!" Esse papel ele o simulou diversas vezes em seu filme positivo de competência.

Brinque com seus filmes interiores!

Tome, como exemplo, um acontecimento no qual você se comportou timidamente. Antes de se lembrar que experiência original está na base dessa experiência de timidez, imagine-se sentado num cinema esperando por um filme preto-e-branco, que logo vai começar. Ao mesmo tempo, você escolhe um título, o mais neutro e inocente possível, de tal sorte que você também consiga extrair do filme o lado positivo do aprender. Agora, olhe ao redor de seu cinema e imagine onde está sentado o operador responsável pelas cortinas, refrigeração, luz e qualidade do filme. Você paira de fora de seu corpo e se desloca para a sala de projeção do cinema. Dali você se assiste em três papéis ao mesmo tempo: como operador, como espectador e como ator.

Acione a alavanca que faz subir as cortinas e diante de seus olhos interiores surge a apresentação de um filme com o título imparcial que você lhe der. Você lê seu nome como protagonista. O filme passa-se em preto-e-branco, e começa pouco antes de ter lugar a situação de sua vida anterior. Você assiste ao filme da sala de projeção, do início até o fim, com os sentimentos de um operador. Você é responsável apenas no sentido de que as cortinas se abram corretamente, pela claridade e volume de som do filme e para que ele não quebre. Mesmo que o seu filme original seja colorido, escolha a versão preto-e-branco. Via de regra as cores intensificam os sentimentos, enquanto filmes em preto-e-branco aumentam a distância de sentimento.

Passe seu filme uma vez em velocidade normal. Se você sentir ainda mais os fortes sentimentos de intimidação, diminua a tela e reduza bastante sua cabina de projeção. A distância para as imagens interiores em geral atenua também os sentimentos. Quando o filme chegar ao fim, rebobine-o com, no mínimo, o dobro da velocidade. Em seguida, deixe o filme passar mais uma vez normalmente. Verifique se sua reação continua tão violenta quanto na primeira vez. Em caso de necessidade, deixe-o passar de trás para a frente mais uma vez, em velocidade dobrada ou triplicada. Repita toda a operação, até que você seja capaz de assistir ao filme na velocidade normal. Conforme o canal privilegiado dos sentidos, as outras qualidades experimentais podem neutralizar o sentimento com mais força do que o rebobinar do filme. Adapte-o à música de circo, a melodias de valsa, de tal sorte que as imagens percam para sempre seu espanto.

Escolha a experiência intimidadora dos últimos tempos e trate-a com a mesma técnica cinematográfica. Se você tiver se reconciliado com essa experiência intimidadora, aprenda daí quais as aptidões que você pode assumir e transforme tal característica em um filme de competência.

Se você souber quando um acontecimento assim terá lugar no futuro, arme uma ponte até lá. Empregue as habilidades recém-aprendidas e vivencie, tanto quanto for capaz, esse acontecimento futuro para dominá-lo! É claro que você pode empregar aqui, adicionalmente, as ajudas imediatas! Se você perceber que necessita de aptidões, que ainda não as tenha vivenciado, aprenda com um exemplo.

Talvez você descubra ainda outras possibilidades de pôr em relevo os acontecimentos imaginários de sua moldura habitual e separar-se dos sentimentos de então. O que estamos fazendo aqui é pôr o cérebro automaticamente em execução com todos os acontecimentos do passado considerados, hoje, como neutros: desbotar acontecimentos. Experiências passadas, difíceis, com as quais se está reconciliado, são hoje alvo de risos ou depositadas no arquivo do cérebro, como experiência de aprendizagem.

Busque um modelo positivo

Comece com passos bem pequenos e não queira ir longe demais. Preferencialmente, com mais freqüência, pequenos bons resultados que edificam, de tal sorte que as pessoas tímidas aos poucos ganhem coragem e passem a confiar mais em si mesmas. O que você deve fazer, em primeiro lugar? Crie para si mesmo uma imagem de motivação, um, por assim dizer, quadro preciso de aptidão que lhe deixa nítidos quais os sonhos que você realiza.

Essa técnica foi utilizada por Margot H. durante uma apresentação de um outro grupo. Como ela mesma ainda não tinha experiência em falar e dar respostas em um grupo, e como a primeira experiência para ela foi logo um fracasso, serviu-se dessa técnica de modelo. Várias pessoas do grupo haviam gostado muito dela e se mostrado assim como se ela mesma tivesse gostado. Ela escolheu como modelo para si mesma Janine e assistiu, com seus olhos internos, ao filme de como essa Janine se houvesse apresentado no grupo de auto-ajuda. Ela foi cativante, contou algo engraçado e encarou todas as pessoas. Todos esses passos, Margot H. os rememorou em seu filme interior.

O que se destacou foi o seguinte:

- olha para todos enquanto ela fala
- fala devagar
- ri também, quando os outros riem de sua descrição
- faz algumas pausas

Ela alterou o filme por um tempo, até que visse e ouvisse internamente as características mais importantes. Para dar forma atraente ao filme, ela o focou misturando cores de seu filme de sucesso.

Depois de haver representado vivamente e de haver escolhido as palavras que ponderou em sua qualidade vocal, considerada pertinentes, ela se imagina comportar-se como Janine. Ainda assim Margot se vê de fora e reflete se essa imagem de competência de fato lhe é atrativa. Ela se muda para dentro de seu modelo e vê o mundo com tais olhos: ri como Janine, experimenta os sentimentos em seu próprio corpo, faz pausas, imita a voz e analisa mais uma vez se ela aprovaria comportar-se dessa maneira.

Agora, esse comportamento modelar será transportado para uma experiência futura: quando e em que grupo Margot H. irá apresentar-se novamente? Agora ela faz novamente uma imagem de si mesma a partir de fora, como, no novo grupo, ela deve empregar esse comportamento que aprendeu com Janine. Ela fica atenta para que seu filme de simulação se ajuste a ela. Na situação em si ela tem a possibilidade de colocar atrás do grupo essa imagem de aptidão, de tal sorte que consegue ver o grupo e observar também a si mesma como manipulando competentemente a situação.

De vítima a autor

Você tem vontade de mudar? Você sabe como? Você ainda não acredita no sucesso. Enquanto as técnicas até aqui serviram para neutralizar as experiências de terror, a fim de se aprender com elas, move-nos agora um novo nível de pensamento. Trata-se da convicção, da confiança em poder livrar-se igualmente da timidez. Aquilo que consideramos como verdadeiro e correto, aquilo que aceitamos, está armazenado em nosso cérebro como convicção, como confiança. Quando se está convencido de que nada é capaz de se alterar em sua timidez, advém sobretudo a dificuldade de treinar as técnicas apresentadas. Falta a convicção, falta a motivação!

Convicções como profundas verdades subjetivas. Não são refutáveis. Um exemplo de Bandler ilustra o que se disse: um cliente vai ao médico. Afirma ser um cadáver. O médico, tentando restabelecer o nível de realidade do paciente, pergunta-lhe: "Você acha que um cadáver pode sangrar?" O paciente o encara admirado e diz: "Não." Ato contínuo, o psiquiatra saca então de uma agulha e pica o dedo do cliente. Brota uma gota de sangue. O cliente encara, incrédulo, o sangue e diz: "Como podemos nos enganar! Não é que os cadáveres sangram!"

Contraprovas, desmentidos não fazem sair ninguém de seu filme interior de convicção. Você está ouvindo: trata-se de vir a conhecer as exibições do filme interior que fazem parte dessas crenças, e mudar para crenças reconfortantes.

Um dos métodos consiste na máquina de modificar crenças. Ela parte do princípio de que nosso cérebro cria certas convicções baseado em experiências, e essas experiências enredam-se umas nas outras. E só quando se torna nítido esse enredamento e quando se verifica que essas redes têm buracos, uma convicção limitada pode ser transformada numa convicção construtiva e consolidada.

Um outro método consiste em substituir as exibições de filmes de convicções limitadas e seguras! Sabemos que não se trata do conteúdo de uma convicção, trata-se do seguinte: Como o cérebro tem conhecimento de que tomo algo por verdadeiro ou não-verdadeiro? Quão sólida é minha convicção?

A crença segura distingue-se daquilo em que não creio, graças à qualidade da imagem, às qualidades sonoras e a todos os demais sentidos. Você poderá experimentar isso da melhor maneira ao colocar concomitantemente lado a lado e comparar todas as imagens entre si. Na etapa seguinte, as características da imagem serão alteradas pelo tempo necessário até que você esteja convencido de que pode vencer sua timidez. Esse método é bastante aconselhável para os que visualizam bem as coisas e vem melhor descrito no livro "Fique por cima quando as coisas estiverem afundando"[1]. Um método mais simplificado é o denominado "máquina de modificar crenças".

A máquina de modificar crenças

"Acho que sou um fracassado porque todos se aproveitam de mim!" Ralph F., encarregado de uma grande seguradora, sempre era o último a deixar o serviço nas tardes de sexta-feira, ocupado que ficava em redigir um importante laudo de sinistro, para que o cliente recebesse seu dinheiro o mais rápido possível. Ele era a boa alma! Um não, uma recusa, um pedido de pagamento de hora extra, em sua semana de 60 horas, jamais saíram de seus lábios. Era extremamente tímido para, com o mesmo denodo com que tra-

---

1. Os autores fazem referência ao livro *Gut drauf sein, wenn's schiefgeht*, publicado na coleção original: rororo-Sachbuch 9604 (N. do T.).

tava os interesses dos outros, se pusesse a tornar fortes os seus próprios desejos. Ele se considerava um fracassado porque todos se aproveitavam dele, e muitos, que mais tarde foram admitidos no departamento, produziam bem menos e eram muito menos capazes do que ele e apesar disso, já haviam feito carreira! Fazer alguma coisa por sua carreira, candidatar-se para cargos que se tornaram vagos, nada disso ocorria, por causa de sua timidez. Quando avaliava tudo isso e procurava explicar a seus superiores o que lhe ocorria, recuava já na primeira pergunta que lhe faziam: "Por quê?" "Na verdade, eu só queria saber..." Em seguida, ele se calava quando se lhe dizia que não se poderia passar sem ele. Ao longo do tempo, ele havia desistido de fazer valer seus direitos. Além disso, sua mulher constantemente lhe chamava a atenção para o fato de que seus colegas conseguiam construir mais rapidamente suas carreiras.

Contribui para isso a análise de uma crença central: "Eu sou um fracassado porque todos se aproveitam de mim!" Essa crença central sobre sua autovalorização é alimentada por outras crenças sobre suas próprias aptidões, seu próprio comportamento e seus méritos.

Se viermos a reconhecer o modo pelo qual construímos em nós mesmos nossos filtros interiores relativamente ao que consideramos como

A máquina de modificar crenças

“Crença negativa”			Crença invertida (“positiva”)
	....	....	
	....	....	
	....	....	
	....	....	
	....	....	
	....	....	
	....	....	
	....	....	

certo e errado e relativamente àquilo de que nos queremos livrar, será mais fácil edificar uma crença que nos fortaleça. As crenças limitadoras de Ralph sobre si mesmo eram:

1. Não posso dizer não.
2. Faço todos os trabalhos sujos.
3. Os outros se encostam, eu não posso fazer isso de jeito nenhum.
4. Como homem, eu deveria virar a mesa e me impor.
5. Porque não abro a boca, os outros vão me deixando para trás e fazem carreira.
6. Não consigo nada porque outros sempre passam a perna em mim.
7. Estou sempre precisando de paz, e isso tem seu preço.

Muitas outras crenças secundárias se ocupam com as aptidões que, aparentemente, seus colegas possuem e que Ralph não é capaz de reconhecer nele mesmo.

Depois que Ralph ia anotando que essas crenças de ser uma pessoa fracassada eram o fundamento de sua convicção, ele até acha graça, e em cada crença secundária ele verifica que essa, na verdade, não é bem assim. De vez em quando ele também consegue dizer não, e até consegue passar adiante alguns trabalhos sujos. No item "crenças positivas", ele escreve tudo aquilo que acredita ser bom para ele mesmo e seu trabalho.

1. Para mim, a harmonia é importante e serve para estimular a qualidade de meu trabalho.

2. Sou muito amado e isso quero conservar.

3. Sou um homem com talentos especiais. Os outros só em parte podem servir-me como modelos.

4. Profissionalmente quero ser um ser humano, não um homem; os clichês não me interessam.

5. A qualidade de meu trabalho e o benefício que propicio aos outros são importantes para mim.

Ao reler o que escreveu, ocorreu-lhe esta idéia: "Gosto de mim como sou e estou me dando oportunidades de aprender algo novo." Com essa nova crença é possível aprender algo de novo numa situação em que sua timidez o refreava. Use o gráfico para subdividir uma crença antiga e limitadora e transformá-la em confiança que atrai.

Dê o devido valor aos seus desejos!

"Não seja tão egoísta, pense nos outros!" Quantas vezes Karin B. ouvia essa frase. Ela lhe perpassava pela carne e pelo sangue. Ainda pequena, ficara-lhe claro que o irmão mais novo tinha mais direitos, podia manifestar seus desejos e conseguia também realizá-los. O sentimento de valor da própria pessoa, o assim chamado auto-apreço, foi moldado desde muito cedo. Forma-se, por exemplo, na maneira como a mãe se alegra com o filho que cresce, na maneira como se dá o primeiro olhar entre os pais e o recém-nascido. As questões mais importantes para a segurança e a confiança de uma criança são: "Estou sendo aceito com a minha personalidade? Estou integrado? Quem se preocupa comigo? Quem me ama, quem me aceita do jeito que sou?"

O sentimento de auto-apreço da criança pertence ao mais profundo âmago das convicções. Se os pais se alegrarem com o novo príncipe, com a nova princesa, essa criança vivenciará essa mensagem com todos os seus sentidos, irá interiorizá-la e seguirá pelo mundo como príncipe ou como princesa. Se os pais, porém, foram exigentes demais, seja porque a criança veio muito cedo, seja porque não foi planejada, seja porque não é do sexo desejado, o sentimento de auto-apreço já estará diminuído na primeira troca de olhares: a criança capta a mensagem para além dos olhos, para além da ação, para além da advertência: "Você não é desejada", ou ainda: "Nós amaremos você, desde que você cumpra nossos desejos, seja útil, mostre resultados e desde que nos sintamos aliviados graças a você." Exigir alguma coisa sem mostrar resultados, sentir-se com os direitos iguais em seus desejos, nada disso aprendeu uma criança como essa.

Quando adulta, essa pessoa interiorizou: "Os desejos dos outros são importantes, não se leve tão a sério, não se coloque em primeiro plano!" Assim como os pais impuseram o medo à criança, assim ela mesma se intimidará no futuro e não aproveitará nenhuma oportunidade!

Imagine-se dono de uma personalidade interior que tem algo a lhe dizer. Que imagem você vê quando ela lhe diz a seguinte frase: "Seus desejos são tão importantes quanto os desejos de todas as outras pessoas!" Fique atento também àquilo que você distingue como verdadeiro nos demais canais dos sentidos. Observe claramente a qualidade de imagem e de som e sinta como soa persuasiva essa frase. Agora, pense numa pessoa cujos desejos você considera mais importantes que os seus próprios. Imagine essa pessoa dizendo-lhe a mesma frase. Como é a qualidade de imagem dessa pessoa? Atente para a posição, o tamanho, a luminosidade na qualidade da imagem, a qualidade de voz e a alusão ao seu corpo! Deixe a imagem dos outros desejos encolher-se, empurre-a para longe ou desloque-a para baixo, tornando-a mais e mais escura até que as reivindicações externas sejam julgadas menos importantes.

Dê um passo para o futuro e pense na próxima vez, quando uma outra pessoa lhe parecer superior e você não conseguir mais seguir seus próprios desejos. Descreva a imagem dessa pessoa tão pretensiosa em todos os seus detalhes. É grande, está perto, apresenta uma imagem panorâmica? Como é a voz dessa pessoa? É melodiosa ou comum, ranzinza ou dócil? O que acontece se você disser que também tem desejos que são igualmente importantes como os desejos dos outros. Mude essas imagens, esses sons e essas palavras para aqueles da pessoa com a qual você até aqui começou a adquirir uma atitude de vítima. Na verdade, você agora apresenta duas imagens: a da pessoa externa e a de seus próprios desejos. Ambas têm a mesma figura. Mude as duas imagens pelo tempo que for necessário até poder lidar tranqüilamente com ambos os direitos.

Meus desejos são tão importantes quanto os desejos de todos os outros

Que aparência tem sua auto-imagem?

A estratégia de Walt Disney

Os métodos aplicados até aqui existentes, reduzem o filme de crítica ao que ele é: uma lembrança do passado que gera sempre mais a velha timidez. Ao libertar-se da timidez, você deveria também transformar aquilo que sempre desejou. Quando você também inclui o sonhar, você está mais motivado do que nunca. Seus filmes de desejo passam a ser maiores, mais atrativos e mais poderosos.

Disney criou um espaço de âncora, no qual realizava cada modo de pensar só em um determinado ambiente. Muitos já sabem disso. Quem montou seu escritório no quarto, quem é que assiste televisão na cozinha? Ambientes fazem lembrar aquilo que queremos vivenciar neles e também podem fazer-nos lembrar que tipo de raciocínio nós utilizamos.

Se lhe for muito dificultoso mobiliar três cômodos, utilize então três cadeiras. Vivencie em cada cadeira uma das atividades mentais. Prepare um botão (âncora) para recordar os padrões de pensamento do sonhador, do realista e do crítico.

Quando as âncoras funcionam com segurança, enfrente uma situação bem definida, na qual, com um claro objetivo, você queira reagir de maneira mais alegre. Primeiramente, sente-se na cadeira da âncora do sonhador, e pressione essa âncora enquanto você refletir sobre aquilo que deseja e que é de todo concebível e desejável! Deixe sua fantasia correr solta e atente apenas para se manter na posição de sonhador.

Quando conseguir ver claramente o filme do sonho, dirija-se então para a cadeira seguinte e coloque-se na posição do realista. Pergunte-se o que é que você realmente quer alcançar, o que lhe é importante, quando você pretende alcançar tal coisa, quanto lhe irá custar e quais as exigências que você estabelece nessa meta mutável.

Em terceiro lugar, sente-se na cadeira do crítico, na posição de crítico e avalie seu plano de metas. Verifique, na posição de diretor, o que lhe está faltando, o que pode ser mudado para melhor, o que pode ser feito de forma mais simples. Como é que esse novo plano se enquadra na vida que você levou até hoje? O que vai acontecer se você subitamente agir de maneira diferente? Contemple com muita atenção as imagens de seu meio e das pessoas de seu círculo e, com todas as suas deficiências, volte novamente para a posição de sonhador. Vá mudando de

A estratégia de Walt Disney

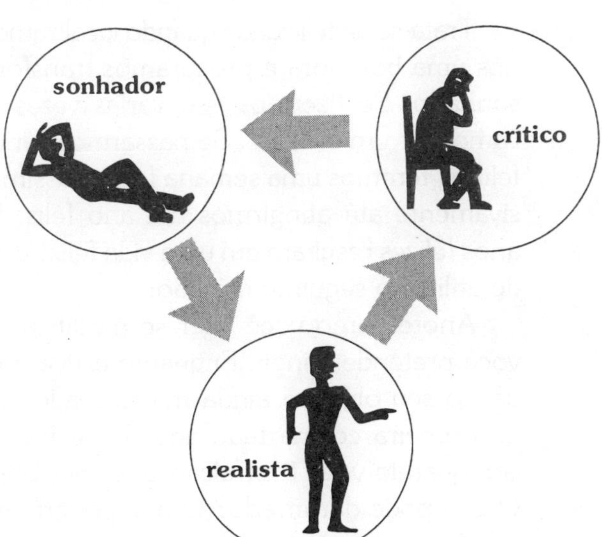

posição enquanto for necessário se sentir satisfeito com o resultado, sob quaisquer ângulos de visão. Então você saberá quando vai dar o primeiro passo e também como realmente transformar tudo o que você planejou.

Planeje seu sucesso

Trata-se de felicidade quando idealizamos para nós uma boa hora e procuramos transformar o sonhado. Se fizermos isso várias vezes ao dia vamos ter um dia feliz. Se passarmos vários dias felizes, teremos uma semana feliz, e assim sucessivamente até atingirmos um ano feliz. Muitos anos felizes resultam em uma vida feliz! Você pode utilizar o seguinte método:

Anote como você quer se modificar, o que você pretende atingir. Enquanto estiver pensando no seu objetivo ainda mal-acabado, escreva na primeira coluna tudo aquilo que irá acontecer, quando você tiver alcançado seus objetivos. O que pode dar errado? O que poderá estorvá-lo? De que você deve desistir quando você não for mais tímido?

Agora, escreva na coluna do meio tudo aquilo que você deseja do fundo de seu coração, não importa se não condiz com o real. Trata-se apenas daquilo que você deseja, daquilo que almeja no mais fundo de seu coração. Utilize imagem, som, sentimento, até mesmo odor e sabor para partilhar com o cérebro seus desejos da forma mais clara possível.

Em terceiro lugar, pergunte a si mesmo o que deve fazer para realizar seus desejos e leve em consideração tudo o que há de crítico. O fascinante nesse método é que, por meio das anotações, você interioriza intensivamente toda maneira de pensar.

A troca das maneiras de pensar é impedida por meio da coluna e da técnica das anotações. Essa foi uma das idéias geniais de Disney. Ernst B., por exemplo, como técnico de computador, era freqüentemente chamado à diretoria, quando deveria explicar sucintamente como se processavam os números. Ele odiava sua entrada em cena por conta de sua timidez, até ser capaz de planejar previamente cada uma de suas entradas, de tal forma que, ao prestar esclarecimentos a alguém, se sentia totalmente tranqüilo em seu procedimento competente, amparado por suas imagens interiores, suas palavras e suas respostas. Pode ser descrito da seguinte maneira a fase preparatória dessas reuniões:

Objetivo geral:

Eu gostaria de agir desembaraçadamente, inspirando confiança, ao passar palavras e respostas à diretoria. Estou convencido de que consigo esclarecer quaisquer números. E o farei de forma adequada, com voz tranqüila.

O que pode dar errado?

• Se ignoro um dos números, atrapalho-me e começo a gaguejar e a suar.

• Não tenho prontos os números corretos, e isso me deixa sob pressão.

• Alguém me interrompe. Sou solicitado a falar mais depressa, a ser sucinto.

• Fazem-me esperar horas a fio, sem que me dêem atenção.

Meus desejos:

Sento-me desembaraçada e confortavelmente, desfrutando o fato de saber que sou tão importante. Estou absolutamente calmo, meu coração bate tranqüilo. Sinto orgulho de ser um especialista.

O que devo fazer para me habituar com as situações críticas?

Arranjo uma pasta na qual coloco sempre os números mais importantes, numa listagem, de sorte que possa consultá-los rapidamente. Lanço uma âncora para guiar minha aptidão, meus sentidos, e prestar muita atenção. Diante do diretor X, examino minha auto-imagem e a imagem que tenho dele. Teriam ambos a mesma qualidade de imagem? Como está o timbre de minha voz?

Foi preciso pouco tempo para que ele rememorasse tudo intimamente ou para que desse uma lida rápida naquilo que havia escrito nas colunas da realização, antes de ir para a reunião.

A estratégia de Disney lhe dá a possibilidade de transpor todas as outras técnicas aprendidas.

Desejamos a você que o gênio de Disney lhe venha proporcionar confiança e ajuda para superar sua timidez quando quiser!

Transformando a Timidez em Sonhos Reais

Até o dia ..., gostaria de realizar os seguintes desejos:

De maneira alguma eu gostaria de	De todas as maneiras eu gostaria de	Isso eu transformo
(criticado!)	(isso é onírico)	(realizado!)
....	....	....

....	....	....
....	....	....
....	....	....
....	....	....
....	....	....
....	....	....
....	....	....
....	....	....
....	....	....
....	....	....

Sugestões para leitura complementar

BANDLER, Richard: *Veränderung des subjektiven Erlebens: Fortgeschrittene Methoden des NLP*. Paderborn, 1989.

Descrição harmoniosa de nosso mundo de experiências interiores e suas possibilidades de alteração.

BESSER-SIEGMUND, Cora: *Erfolg ist reine Willenssache. Magic Words für Manager*. Dusseldorf, Viena, Nova York, Moscou, 1994.

Como transformar o estresse em palavras mágicas, e como se desenvolvem imagens motivadoras apropriadas, é aqui apresentado de maneira muito próxima da prática.

CLANCE, Pauline Rose: *Erfolgreiche Versager. Das Hochstapler-Phänomen*. Munique, 1985.

O medo do fracasso é familiar a todas as pessoas tímidas. Para aquele que pretende mostrar contínua e particularmente boas ações, a despeito de seu sucesso só ter razão de ser na sorte, esse livro é uma revelação.

DILTS, Robert B.; EPSTEIN, Todd; DILTS, Robert W.: *Know-how für Träumer. Strategien der Kreativität. NLP & Modelling. Struktur der Innovation*. Paderborn, 1994.

Com base na estratégia de pensamento de Walt Disney, os autores desenvolvem um modelo da criatividade realizável. Um livro de PNL inovador. As pessoas tímidas vão encontrar nesse livro ajuda adequada para converter os sonhos em realidade.

MOHL, Alexa: *Der Zauberlehrling. Das NLP-Lern- und Übungsbuch*. Paderborn, 1993.
Um livro para os interessados em PNL. As técnicas isoladas de PNL são apresentadas de forma clara e ilustradas com diversos exemplos de utilização.

MÜLLER, Hartmut: *Heile deine Gedanken. Mit Mind-Clearing Ziele erklären, Hindernisse abbauen, klar bleiben*. Berlim, 1992.
O *mind-clearing* utiliza muitas técnicas estreitamente semelhantes ao PNL.

SCHOTT, Barbara; ZICKENDRAHT, Veronika: *Schlank und chic ohne Diät*. Munique, 1990.
Excesso de peso e timidez parecem relacionar-se diretamente. Como é possível ser feliz com a ajuda da PNL, com várias ilustrações. Há, neste livro, prognósticos que se aproximam da práxis.

TOPPING, Wayne W.: *Stress Release*. Freiburg im Breisgau, 1988.
Com a transformação da timidez em consciência sobre si mesmo, os métodos sinestésicos são um suplemento que se funde com as técnicas da PNL. Com exercícios simples, mas eficazes, é possível dizer adeus ao estresse da timidez.

A DECISÃO DE PERCORRER NOVOS CAMINHOS

Programa de Neurolingüística

Barbara Schott

Às vezes você tem a sensação de que todas as coisas acontecem obedecendo a roteiros imutáveis? Algo o impede de optar por novos caminhos, abandonando seus monótonos limites? Você se sente preso a trilhas sempre usadas e gastas? Já pensou por que isso acontece com você? Na verdade, o fato de não conseguirmos deixar para trás as coisas às quais estamos acostumados e achar difícil optar por novos caminhos tem um motivo principal: quase todas as nossas decisões são tomadas de forma inconsciente. No entanto, você pode modificar essa forma de encarar a vida.

Este livro lhe mostra como você pode tomar a iniciativa e aprender a auto-administração criativa sem maiores problemas.

O programa Psycho-Power proposto por Barbara Schott tem como base técnicas e exercícios testados com sucesso no setor administrativo, bem como exercícios de Programação Neurolingüística (PNL). Todos esses exercícios são apresentados de uma forma que você pode assimilar e repetir facilmente.

* * *

Barbara Schott, autora de *Sair-se Bem, Mesmo Quando Tudo Vai Mal* e de *Mantenha a Calma*, ambos publicados pela Editora Cultrix, é economista e administradora de empresas. Atualmente, trabalha como consultora administrativa no setor de serviços do seu próprio Instituto, sediado em Nürenberg.

EDITORA CULTRIX

MANTENHA A CALMA

Programa de Neurolingüística

Barbara Schott

Com você também se repetem situações na vida cotidiana que o levam a reagir com irritação, com perda da dignidade e até mesmo com perda do controle?

Isso não tem de acontecer. Você pode aprender objetivamente, com meios simples, a modificar positivamente o seu estado de espírito. Este livro lhe mostra como ficar calmo, despertando a simpatia dos outros graças a uma atitude relaxada, descontraída, da sua parte.

O Programa de Neurolingüística (PNL) baseia-se em técnicas e exercícios testados com sucesso no setor administrativo e nas áreas de gerenciamento.

Os exercícios de PNL são apresentados de uma forma que você pode assimilar e repetir facilmente.

* * *

Barbara Schott, autora de *Sair-se Bem, Mesmo Quando Tudo Vai Mal* e de *A Decisão de Percorrer Novos Caminhos*, ambos publicados pela Editora Cultrix, é economista e administradora de empresas. Atualmente, trabalha como consultora administrativa no setor de serviços do seu próprio Instituto, sediado em Nürenberg.

EDITORA CULTRIX

SAIR-SE BEM, MESMO QUANDO TUDO VAI MAL

Programa de Neurolingüística

Barbara Schott

Quem já não teve a sensação de que nada está dando certo? Quem ainda não teve medo de fracassar, mesmo nas coisas mais simples? Muitos sofrem porque não conseguem realizar seus sonhos e outros porque imaginam que lhes falta algo que não sabem definir o que é. No entanto, nenhum fracasso se transforma numa catástrofe se formos capazes de deixar de pintar a situação com cores sombrias e se, além disso, formos capazes de ver o lado positivo da situação.

Este livro pretende ajudá-lo a mobilizar suas energias criativas em situações difíceis por meio de métodos surpreendentemente simples.

O Programa de Neurolingüística (PNL) baseia-se em técnicas e exercícios testados com sucesso no setor administrativo e nas áreas de gereciamento.

Os exercícios de PNL são apresentados de uma forma que você pode assimilar e repetir facilmente.

* * *

Barbara Schott, autora de *Mantenha a Calma* e de *A Decisão de Percorrer Novos Caminhos*, ambos publicados pela Editora Cultrix, é economista e administradora de empresas. Atualmente, trabalha como consultora administrativa no setor de serviços do seu próprio Instituto, sediado em Nürenberg.

EDITORA CULTRIX

FAÇA O QUE DIZ...

E Consiga os Resultados que Você Quer

Eric L. Harvey* e *Alexander D. Lucia

Em menos de duas horas você aprenderá mais com *Faça o Que* Diz... do que se estudar revistas sobre negócios, análises financeiras e súmulas de ações judiciais durante dois anos. Por causa do seu estilo único, você descobrirá que não é possível ler este livro sem passar por um processo de auto-avaliação. Também descobrirá que os autores não acreditam em apontar problemas sem oferecer idéias práticas para a solução dos mesmos.

Faça o Que Diz... contém respostas para alguns dos mais urgentes desafios de negócios com os quais nos defrontamos hoje ou nos defrontaremos amanhã. Através da prática dos princípios contidos neste texto brilhante, saberemos como lidar com a competição feroz, com as conseqüências da recessão e da crítica às condições de trabalho e à legislação trabalhista.

Depois que você ler e reler *Faça o Que Diz...* desejará que todas as pessoas da sua firma, ou ao menos todas as que pertencem ao seu departamento, tenham um exemplar do livro e compartilhem com você desta jornada de iluminação. Deixe que esses dois homens especiais – os autores – lhe revelem grandes verdades enquanto "fazem o que dizem..." nas Treeview Industries.

* * *

Faça o Que Diz... **é um livro para todos os gerentes. Cheios de boas intenções, ou simplesmente por fazer "as coisas do jeito que sempre foram feitas", com muita freqüência nós criamos problemas frustrantes para as pessoas que nos cercam. Este livro fascinante nos ajuda a entender alguns desses problemas e, o que é mais importante, determina o que podemos fazer para parar de criá-los.**

Richard C. Whiteley, Fundador e Vice-Presidente de The Forum Corporation, e autor de *The Customer Driven Company*

EDITORA CULTRIX

A Consciência sem Fronteiras

Pontos de Vista do Oriente e do Ocidente sobre o Crescimento Pessoal

Ken Wilber

A Consciência sem Fronteiras examina o modo como criamos uma alienação persistente em relação a nós mesmos, aos outros e ao mundo ao fragmentar nossa experiência atual em partes distintas, separadas por limites. Artificialmente, dividimos nossa percepção em compartimentos tais como sujeito *versus* objeto, vida *versus* morte, razão *versus* instinto – um acordo de separação que coloca a experiência intervindo na experiência e a vida lutando contra a vida. O resultado de tal violência, apesar de ser conhecido por muitos outros nomes, é simplesmente a infelicidade.

Este livro demonstra como os diferentes tipos de psicologia e terapias podem ser reunidas e sintetizadas numa perspectiva global para a cura e transformação da infelicidade humana. Da Psicanálise ao Zen, da Gestalt à Meditação Transcendental, do Existencialismo ao Tantra, Ken Wilber, o autor, apresenta um guia simples e didático para compreender o mapa da consciência humana através dessas diferentes abordagens.

Para o leitor em geral, portanto, este livro oferecerá uma apresentação pessoal dos princípios e métodos de crescimento e transformação – do egóico ao humanista e ao transpessoal – e mostrará como essas abordagens se relacionam entre si, juntamente com exercícios específicos para vivenciá-las.

De Ken Wilber a Editora Cultrix já publicou *O Espectro da Consciência, Um Deus Social* e *O Paradigma Holográfico e outros Paradoxos* (org.).

EDITORA CULTRIX

O TRABALHO CRIATIVO
O Papel Construtivo dos Negócios numa Sociedade em Transformação

Willis Harman e *John Hormann*

Quais são os novos meios de se fazer negócios capazes de proporcionar a todos os cidadãos oportunidades para um trabalho significativo e gratificante? E por que só agora essa ação é possível?

Uma profunda transformação no papel do trabalho e dos negócios está em andamento. Sua energia propulsora não brota de uma administração engenhosa, ou de líderes carismáticos, mas é uma irrupção de novas metas e valores mais profundos que inclui uma grande faixa de pessoas. Existem fortes evidências de que a valorização do aprendizado, do ensino e do desenvolvimento humano indica uma sociedade em vias de curar a si mesma.

Os negócios, grandes e pequenos, estão numa posição singular para canalizar essas aspirações em prol de um trabalho significativo voltado para a transformação construtiva do mercado de trabalho. Muitos negócios estão já em bem-sucedido estágio de funcionamento, com base em novas regras recém-elaboradas: sobreviver, prosperar e colaborar.

. . . .

"Uma obra-prima. Harman e Hormann atacam os maiores problemas que atormentam o ser humano atual com uma perspectiva eclética única, compassiva, fruto de uma laboriosa e minuciosa pesquisa. O livro resultante é uma fonte de inestimável valor para todos os que se interessam pelo futuro do trabalho."

— Larry Wilson, fundador e diretor-executivo dos Pecos River Learning Centers, Inc.

"Não conheço outro tema de tanta relevância para a nossa vida na Terra agora do que o modo como fazemos negócios. O comércio pode destruir ou recuperar o planeta. Este livro insuperável sobre o trabalho no futuro é uma crítica extraordinária sobre o tema crucial da nossa década: a responsabilidade social."

— Paul Hawken, empresário, consultor, autor de *The Next Economy*.

"Livro desbravador. Se me fosse perguntado que livro considero essencial para abrir novas perspectivas de vida e fazer uma contribuição significativa, eu indicaria este. Harman e Hormann divulgam uma sabedoria que reúne apenas o melhor da economia, da psicologia dos negócios, da física, da engenharia, da filosofia. Oremos para que algum dia, logo no início do próximo milênio, sejamos capazes de olhar para o passado e dizer que seguimos as diretrizes sugeridas por este livro."

— Michael L. Ray, co-autor de *Creativity in Business*.

EDITORA CULTRIX